〔英〕温斯顿·丘吉尔—著　　李国庆等—译

CHURCHILL'S MEMOIRS OF WORLD WAR II

丘吉尔二战回忆录

愚行与危机

SPM 南方传媒　广东人民出版社

· 广州 ·

图书在版编目（CIP）数据

愚行与危机 /（英）温斯顿·丘吉尔著；李国庆等译. -- 广州：广东人民出版社，2024.8. --（丘吉尔二战回忆录）. -- ISBN 978-7-218-17958-2

Ⅰ. K835.617=5；K152

中国国家版本馆 CIP 数据核字第 202414W8P6 号

QIUJI'ER ERZHAN HUIYILU · YUXING YU WEIJI

丘吉尔二战回忆录·愚行与危机

[英] 温斯顿·丘吉尔 著　李国庆等 译　　　　版权所有　翻印必究

出 版 人：肖风华

责任编辑：范先鋆　唐　芸
责任技编：吴彦斌
封面设计：贾　莹

出版发行：广东人民出版社
地　　址：广州市越秀区大沙头四马路 10 号（邮政编码：510199）
电　　话：（020）85716809（总编室）
传　　真：（020）83289585
网　　址：http://www.gdpph.com
印　　刷：三河市人民印务有限公司
开　　本：787 毫米 × 1092 毫米　1/16
印　　张：12.5　　字　　数：180 千
版　　次：2024 年 8 月第 1 版
印　　次：2024 年 8 月第 1 次印刷
定　　价：68.00 元

如发现印装质量问题，影响阅读，请与出版社（020-87712513）联系调换。
售书热线：（020）87717307

《丘吉尔二战回忆录》 译者

（排名不分先后）

李国庆	张　跃	栾伟霞	曾钰婷	刘锡赟	张　妮
李楠楠	汤雪梅	赵荣琛	宋燕青	赖宝滢	张建秀
夏伟凡	王　婷	江　霞	王秋瑶	郑丹铭	姜嘉颖
郭燕青	胡京华	梁　楹	刘婷玉	邓辉敏	李丽枚
郭轶凡	郭伊芸	韩　意	李丹丹	晋丹星	周园园
王瑨斑					

战争时：意志坚定
战败时：顽强不屈
胜利时：宽容敦厚
和平时：友好亲善

致　谢

　　在本卷①的写作过程中，中将亨利·波纳尔爵士给予了很多军事方面的帮助，艾伦准将在海军方面帮助颇大，牛津大学沃德姆学院迪金上校则在欧洲和一般事务上提供了很多支持，之前他也曾大力支持我的《马尔巴罗传》一书。在措辞方面，爱德华·马什爵士鼎力相助。除此之外，我也对许许多多阅读过原稿并给出建议的其他人士表示感谢。

　　伊斯梅勋爵也曾经给予我宝贵的帮助，他和我的其他朋友也将在未来继续给予我支持。

　　感谢英国政府准许复制某些官方文件的文本，这些文本的王家版权归属于英国政府文书局局长，特此致谢。

---

　　①　原为整套书第一卷，卷名"铁血风暴"，现分为《愚行与危机》《进逼与绥靖》《从蚕食到大战》《晦暗的战局》四册。——编者注

前　言

在《世界危机》《东线战争》和《战后》里，我曾叙写第一次世界大战，而我必须承认的是，本书各卷（《愚行与危机》《进逼与绥靖》《从蚕食到大战》《晦暗的战局》等）是一战故事的延续之作。如果这套书全部写成，将会和一战回忆录各卷共同组成另一个"三十年战争"的文字记载。

和先前的作品一样，我将尽己所能，效仿笛福在《一个骑士的回忆录》中的写作手法，效仿他以个人经历为线索、按照时间顺序来记叙和讨论重大军事事件和政治事件。我或许是唯一一个经历过有史以来两次最大战争浩劫的内阁高层。在一战里，我虽参与其中但并非身居要职，而到了第二次对德之战，在五年多的时间里，我一直是英国政府的首相。因此，与前面不一样的是，我会从一个不同角度、以身处更高的政治地位上的视野来进行写作。

几乎我的所有公务都是我向秘书口授办理的。在我担任首相期间，我发布的备忘录、命令、私人电报和节略的总字数可达近一百万字。那时，纷杂事务每天接踵而至，处理时仅能依据当时能够得到的信息，那些每天写下的文件难免有许多不足之处。然而这些积累下来，就是当时那些重大事件的真实记录，由主要负责英联邦及大英帝国战争和政策的人所见证。我不知道是否有或曾有过类似的记载，即那种关于战争进程和政府工作的每日记录。我并不会将之称为历史，因为历史是由后人撰写的。但我相信本书会对历史有所贡献，对未来有所帮助。

我终生的奋斗都包含和表现在这三十年的行动和主张里，我希望人们据此做出判断。我坚持我的原则，那就是从来不在事后评价任何战争或政策措施，除非我事先曾公开或正式表达过意见或给出警告。事实上，回首往事，我已经把当时很多有争议的严厉之辞改得柔和了。我在记录与很多我喜欢或尊敬的人的分歧之时，我非常痛苦，但如果不把这

1

些教训作为未来之鉴,那是不对的。本书记载了众多品德高尚的人的种种事迹,但愿没有人会轻视他们,而是去扪心自问、检讨自己,以史为鉴,指导日后的行为。

我不会指望人人都赞同我所说的,更不会只写那些迎合大众的内容。我会据己所见做出论证。我会慎重验证事实,但随着截获文件的披露或其他信息的曝光,新的证据会不断出现,这或许会让我之前所下的结论呈现出新的一面。这就是在一切水落石出之前,以当时可信的记录和记下的观点为依据的重要性。

有一天,罗斯福总统告诉我,关于这场大战该冠以何名,他正在向大众征集意见。我立刻回答:"不必要的战争。"从来没有哪一场战争会比这场更容易加以制止,它摧毁了在上次大战中留下的一切。在上亿人做出了努力和牺牲、在正义的事业取得了胜利之后,我们依然没有获得和平或安全,而且相比于之前所征服的困难,我们现在还陷入了更为糟糕的境地,全人类的悲剧由此达到顶峰。我诚挚地希望,这些过往可以给未来以指引,新一代可以修正之前犯下的错误,根据人类的需求和荣誉,对徐徐展开的糟糕的未来加以掌控。

温斯顿·丘吉尔

于肯特郡,韦斯特勒姆,恰特韦尔庄园

1948 年 3 月

目 录
CONTENTS

第一章

ONE

战胜国的愚行

为消灭战争而战——法国血已流干——以莱茵河为界——《凡尔赛和约》中的经济条款——奥匈帝国因《圣日耳曼条约》和《特里亚农条约》而覆灭——美国拒绝履行英美对法国的承诺——克雷孟梭下台——彭加勒进占德国鲁尔——德国马克的崩溃——美国的孤立政策——英日同盟宣告结束——英美裁减海军——一个可靠的和平承诺

1918 年，一战结束了，人们普遍希望战争就此结束，相信世界终将迎来和平。如果大家恪守正义的信念，根据常理审慎地处理各种事情，实现世界人民的这个热望本来是件轻而易举的事情。当时，"为结束战争而战"的呼声高涨，为此人们采取了各种措施。被认为手握美国大权的威尔逊总统，曾使国际联盟的设想深入人心。而英国代表团在凡尔赛会议上将这个概念铸造成型，成立了国际联盟，这无疑是人类艰苦前进历史上永久的里程碑。胜利一方的协约国，至少在外敌看来，强大无比，无可匹敌。事实上，他们不得不面对国家内部的严峻挑战，还有许多他们也不知道答案的谜一样的难题。此时，在中欧挑起一战动乱的日耳曼政权已经蛰伏在他们面前；因受德国连番打击而支离破碎的俄国，在内战的炮火中政权逐渐落入布尔什维克党手中。

*　　*　　*

1919 年夏天，协约国军队驻扎在莱茵河畔，其阵地已经深入到缴械投降后羸弱不堪的德国境内。在巴黎，战胜国的首脑们就未来形势展开了激烈争论，任意分割放在他们面前的欧洲版图。在五十二个月的殊死搏斗之后，战败的同盟国最终只能任他们摆布，绝对服从，无法抵抗。德国是这场浩劫的根源，被所有人看作是这场殃及世界的灾难的始作俑者，现在已完全落入战胜国手中，而战胜国经过这场浩劫之后自己也疲惫不堪。再者，这已经不是一场政府之间的战争了，而是民族间的战争。这些最伟大国家的生命力、战斗力都已经倾注在这场无休止的愤怒与杀戮中了。在巴黎聚首的大国首脑们，正承受着人类历史上空前强大的压力。《乌德勒支和约》和《维也纳和约》的美好时代已经过去，那时的贵族、政治家、外交家，上至胜者，下至败寇，都有礼有节，尽量在已经达成共识的基本原则上修改体系，不像如今民主政体下的政客那样争执不休。如今的人民，因饱受战争之苦和大量宣传教育的洗礼，发生了改变。亿万人站在同一立场上，要求血债血偿。首脑们现在被胜利冲昏了头脑，假如他们在会议桌上白白浪费了士兵们在战场上无畏奋战、流血牺牲换来的成果，那他们就遭殃了。

法国凭借其勇猛作战和无畏牺牲的精神，理所当然处于领导地位。为了抗击侵略者，保卫自己的领土，几乎一百五十万法国人死于这场国土保卫战。一百年来，法国遭受德国入侵五次（分别为 1814 年、1815 年、1870 年、1914 年和 1918 年），巴黎圣母院的高塔见证了普鲁士军队的枪林弹雨、隆隆炮声。这次，法国十三个省在普鲁士军队的残酷统治之下度过了长达四年的可怕光阴。大片土地一步步沦陷，要么被敌军掠夺破坏，要么在两军混战中被夷为平地。从凡尔登到土伦，几乎没有一间完好的房舍，也没有一个家庭不在哀悼死者或照顾伤员。那些经历过 1870 年战争的法国人，许多如今已是显要人物了。在他们看来，在这场刚刚结束的残酷战争中，法国竟然能够取得胜利，这简直创造了奇迹！法国人一生都生活在德意志帝国的恐怖玛影下。他们还记得 1875 年俾斯麦想发动的防卫战，也记得 1905 年迫使外交部部长德尔卡塞辞职的冷酷威胁，还有 1906 年的第一次摩洛哥危机，1908 年的波斯尼亚危机和 1911 年的第二次摩洛哥危机，这些都让法国人心有余悸。德皇的"铁甲钢拳"和"明盔亮甲"的演讲或许对英美来说

是个笑话，但是在法国人心中却如同打开了现实生活中可怕的潘多拉魔盒。五十年来，法国人民一直生活在德国的武力威胁下。现在，他们以鲜血为代价，终于赶走了长期以来缭绕在他们身边的噩梦，终于可以和平安心地生活了。法国人民欢欣鼓舞，呐喊道："绝不能让历史重演！"

关于未来，前程未卜。法国人口还不足德国的三分之二，并且未见增长，而德国人口却呈上升趋势。再过十年甚至不用十年，德国每年都将有大批的年轻人应征入伍，其人数肯定会是法国的两倍。要知道，德国曾经几乎以一国之力抗衡整个世界，并且差点得逞。对一战了解颇多的人知道：有好几次，大战胜负仅在一线之间，都是因为一些意外和偶然事件，才使胜利垂青协约国。万一以后风波再起，强大的协约国能否再派遣几百万大军到法国战场或东线战场呢？目前的形势是：俄国正处在分裂动乱中，和过去截然不同；意大利可能加入对立阵营；英美两国与欧洲隔海遥望，鞭长莫及。帝国内部，似乎是基于某种纽带而紧密团结着，但这纽带除了帝国公民，外人无法理解。那么，时势如何发展才能使曾经的英联邦军团再度齐集法国和佛兰德斯呢？什么情况下才能再有像维米岭战役中势如破竹的加拿大军队，维莱布勒托讷战役中光荣的澳洲军队，在帕斯尚尔战役中英勇作战的新西兰军队，还有在 1914 年严酷的冬天死守阿尔芒蒂耶尔的坚毅的印度军团呢？崇尚和平、无所顾忌、反军国主义的英国，什么时候会再次派遣两三百万人的军队踏上阿图瓦和皮卡第的平原呢？什么时候两百万阳光刚毅的美国军队会再次远渡重洋，来到香巴尼和阿尔贡呢？当时的法国，虽然是无可非议的主人，但已疲惫不堪、损失惨重。整个国家放眼未来的时候，既心怀感恩，又深感恐惧。安全的保障何在？没有安全，得到的一切似乎毫无意义。没有安全，即使是在胜利的欢呼声中，生活也无法忍受。人类需要的是不惜一切代价、不遗余力地去争取和平安全的保障，不管这条路是多么艰辛，手段是何等残酷。

*　　*　　*

休战那天，德国军队井然有序地撤退回国。"他们打得不错，"协约国的总司令福煦元帅带着赞赏的神情，颇具军人威严地说，"让他们留着武器吧"，但他却下令将法国的边境线推进到莱茵河。是的，德国或许会被解除武装，其军事体系会被瓦解，战争要塞会被拆除，或许会变得贫困潦倒，背上不可计数的繁重债务，也或许会受困于内部纷争。但即便如此，十年或二十年后，这一切都会过去。"全部日耳曼民族"的无法摧毁的威力将会卷土重来，好战的普鲁士精神将会死灰复燃，燃成熊熊烈火。但是又宽又深又湍急的莱茵河，一旦为法国军队所用，就会成为一道天然屏障，世世代代保护法国人民和他们的子孙后代。但英语国家的人们却不这么想，他们认为没有英语国家的援助，法国定会被征服。根据《凡尔赛和约》的领土条款，德国事实上完好无缺地保留了自己的领土，依旧是欧洲最大的单一民族国家。当福煦元帅听闻《凡尔赛和约》签署的消息时，非常准确地预言道："这哪里是和平，不过是二十年的休战。"

*　　*　　*

但和约的经济条款非常苛刻和愚蠢，显然不可能实现。德国被要求偿还难以置信的巨额赔款，数额相当于现代战争所需的费用，没有任何一个战败国或战败国联盟能够支付得起如此巨额的赔偿。这个条款不过是给了胜利者们一个愤怒的宣泄口，也只是给了人民一个所谓的交代。

多数民众一直不了解这个最简单的经济问题，而他们的领导人，为了获得选票，不敢告诉人民真相。报纸媒体也追随着领导人的步伐，报道宣传最受人们欢迎的一面。几乎没有人站出来向民众解释，赔款只能通过劳役和机械化的物资运输，比如陆运和海运，将物资运送到

要求赔偿的国家来实现。因为只有这样做，德国的工业秩序才会被打乱，当然这不适合非常原始的社会，因为他们没有工业，也不适合受到严格控制的社会。实际上，甚至连俄国都已经学会，抢夺战败国唯一的方法就是搬走他们所有能够用得着和搬得走的东西，并迫使一部分青壮年成为永久或临时劳动力。不过用这种方法所得到的利益仍旧无法与战争费用相比。领导人中没有人大智大勇，能够抛开无知的舆论，告诉选民这一根本而又残酷的现实；但即便告诉他们，也没有人愿意相信。于是，得意扬扬的协约国继续宣扬他们会压榨德国，"直到把他们榨干为止"。这些所作所为对世界的繁荣和日耳曼民族的情绪都有深远的影响。

实际情况是，这些条款并未真正执行过。相反，尽管德国近十亿英镑的资产被战胜国夺走，但没过几年却获得了超过十五亿英镑的贷款，主要来自英美两国。有了这些贷款，德国得以迅速从战争的废墟中崛起。显然，痛苦不幸的战胜国认为这种做法太慷慨了，不约而同地发起了指责。于是，他们的政治家又立下军令状，要求德国哪怕"拿出最后一分钱"也要偿还贷款。难怪德国会不高兴了，又怎能奢望德国会对此感激涕零。

德国只赔偿了被逼偿还的那部分，德国只有这个能力，这还多亏了美国给予欧洲特别是德国的大量贷款援助。事实上，从 1926—1929 年这三年，通过分期付款的形式，美国从各方回收了德国大约五分之一的还款。其实，这些钱美国在借的时候就没指望德国还。不管怎样，大家好像都很高兴，似乎认为可以永远这样继续下去。

随着时间推移，历史会给这些交易贴上疯狂的标签。这些交易既帮助培养了战争的祸根，又造就了"经济风暴"（这些后面还会提及）。德国现在四处借款，贪婪地吞噬着提供给它的每一笔巨额贷款。而另一边，一些英国投资者在援助战败国的误导下，在借款的可观利润的诱惑下，也被吸引进来，尽管与美国相比，他们的规模小得多。就这样，德国获得了二十亿英镑的贷款，相比之下，赔款只有十亿英镑。并且德国支付赔款的花样也是层出不穷：或交出国外的固定资产

和外汇抵偿，或利用美国的巨额贷款糊弄大家。一切就是一个复杂又愚蠢的悲惨故事，可惜在谱写的过程当中，花费了多少气力，虚掷了多少美德。

*　　*　　*

《圣日耳曼条约》和《特里亚农条约》共同生效，标志着奥匈帝国彻底解体，这是第二个严重的悲剧。几个世纪以来，奥匈帝国是神圣罗马帝国未死的化身，许多不同民族的人在这里过着一体化的生活，在贸易和国土安全上互惠互利。在我们这个时代，他们之中没有一个民族拥有足够的人力物力来对抗复兴的德国或俄国。这些民族因受自由主义政策的鼓舞，渴望脱离联邦及帝国体制，独立生存。于是东南欧急速解体，分裂成几个小国，这导致普鲁士和德意志帝国的领土相对扩大。尽管普鲁士和德意志帝国在战争中疲乏不堪，伤痕累累，但领土的完整使其掌握着当地绝大部分的主动权。从哈布斯堡帝国解体获得独立的民族和省份，果然都没有逃过古代诗人和神学家所描绘的地狱般的折磨。高贵的首都维也纳，是文化与传统的圣地，在此，绚烂的文化一直受到珍视与保护。同样，维也纳也曾是众多公路、河道、铁路的交通枢纽，但如今却是一派荒凉凄寂，仿佛一座错置于破落无人街区的大型购物广场，更显冷清突兀。

同时，战胜国生硬地将西方自由主义国家多年来摸索的理想化制度强加于德国，德国自此从强制性服兵役的负担中解脱了出来，无须再维持繁重的军备。尽管德国信用度不高，但美国的巨额贷款还是源源不断地涌来。在魏玛，依照最后的修改意见，一部民主宪法诞生了。德皇被废除，平民获得了选举权。在刚成立不久的脆弱政体之下，咆哮着的是德国人民的狂热，他们虽被打败，但士气仍在。美国向来对君主制有偏见，劳合·乔治也并未试图从中调和，这显然是在对打了败仗的德国君主宣称，共和制比君主制对你们更有好处。然而，恰到好处的做法应该是改魏玛共和国政体为君主立宪制，立德皇之幼孙为君主，设立摄政院执政。但可惜并没有这样做，这就给德国民众的心理造成了巨大的阴影。那些掌权的实力派，如军队势力和封建势力，原本可以团结在君主立宪制下，尊重并支持新的议会民主制度，现今却如一盘散沙。改朝换代的魏玛共和国，虽披上了自由的外衣，得到了自由的祝福，但因无法得到德国民众的衷心拥护而被视作是外敌强加的结果。甚至有一段时间，他们病急乱投医，寄希望于年迈的兴登堡元帅。从那以后，民众心中这股强大的力量滞结于此，在彷徨无主之际，一个契机出现了。不久，这个契机被一个天性凶残的狂热分子抓住利用，这是一个内心充满仇恨、本性残暴的狂人，是个一心想要侵蚀人类灵魂的魔鬼——希特勒下士。

　　战争已经拖垮了法国。自 1870 年以来，法国人民一直想打一场复仇战，现在这场战争终于胜利了，但法国却为此付出了巨大的代价。这个国家以伤痕累累的姿态迎来了胜利的曙光，尽管取得了璀璨夺目的胜利，整个法国还是弥漫在对德国的恐惧之中。也正是这种恐惧，促使福煦元帅要求将法国边境线推至莱茵河，以便能够对抗强大的邻国，保证自己国家的安全。但英美两国的政治家们却认为，将居住着德国居民的区域划入法国领土，违背了十四点和平原则，也违背了《凡尔赛和约》所依据的民族自决的原则，因此驳回了福煦元帅和法国的要求。但英美两国承诺：首先，英美联合共同保护法国安全；其次，设立一个非军事管制区域；最后，要求德国全面永久地解除武装。对此，福煦坚决反对，但克雷孟梭表示接受。于是，威尔逊、劳合·乔治和克雷孟梭一起签订了这个保证条约。但美国参议院却拒绝承认此条约，否决了威尔逊总统的签字，这使我们十分震惊。我方一直十分尊重威尔逊总统的观点和他为和平所做的努力，可最后却被毫不客气地通知说：我们应该多多了解美国宪法。

　　于是在法国民众骚动的恐惧、愤怒和混乱之中，克雷孟梭，这个重量级的大人物，尽管享有世界权威的声誉，充当着法国与英美沟通的桥梁，但还是被法国人民毫不留情地抛弃了。古希腊作家普鲁塔克留给后人一句箴言："对他们的伟人忘恩负义是强大民族的标志。"但

在法国这种可悲的弱势情形下，人民还这样行事，未免过于轻率了。自此，政治集团的阴谋活动日趋频繁，更换幕僚成为法兰西第三共和国的家常便饭，要想找到强有力的制衡却是难上加难。主谋者要么为了从中获利，要么只是为了寻求刺激。

彭加勒是继克雷孟梭后最具影响力的人物，他企图使莱茵兰地区独立并归入法国的统领和控制之下，但这几乎是不可能成功的。为了强迫德国缴纳赔款，他还毫不犹豫地入侵鲁尔地区，目的是迫使德国遵守和约，偿还赔款，但却遭到了英美两国的强烈谴责。由于德国的财政和政府都处于无秩序状态，加上 1919—1923 年交付的赔款，导致德国货币马克迅速崩盘。法国占领鲁尔区，激起了德国人民汲大的愤怒，由此，德国开始不计后果地大量印发纸币，旨在有计划地毁掉整个货币体系基础。在最后的阶段，通货膨胀甚至严重到四十三万亿马克才值一英镑的程度。这次通货膨胀给社会和经济造成的影响是致命的，也是深远的。中产阶级的积蓄被抽空了，这顺理成章地给纳粹主义的萌芽提供了土壤。信托业急速发展，打乱且破坏了整个德国的工业结构，整个国家的全部流动资本化为乌有。那些国内债务和以固定资产赔付或抵押赔付的工业债务，当然也顺势清偿或者赖掉，但这都远远不能弥补失去营运资本带来的损失。这一切直接导致一个破产的国家在国外大规模借贷，在之后的几年里，德国经历着痛苦煎熬、民不聊生。

英国对德国的态度原本是非常严厉的，但很快就转向相反的方向，而且走得过了头。劳合·乔治和彭加勒之间开始产生隔阂，彭加勒暴躁的性格已成为实现他坚定而有远见的政策的障碍。这两个国家在思想和行动上彼此渐行渐远，而英国人对德国的同情甚至敬慕，已强烈地表现出来了。

*　　*　　*

国际联盟刚刚成立，就遭受到一次几乎致命的打击。美国彻底抛弃了威尔逊总统的理念，总统本人决心为坚持理念而战，却在选举即将到来之际患了中风。在之后长达两年的时间内，他卧床不起，无法工作，直到最后，在 1920 年，共和党赢得了大选，威尔逊总统的政党和政见才被摒弃在一边。在大西洋彼岸的美国，共和党胜利之后紧接着是孤立主义思想的盛行，他们认为让欧洲去自作自受好了，但法律规定的债务必须偿还，同时要提高关税以阻止货物进口。但自相矛盾之处在于债务又只能靠货物来赔偿。1921 年的华盛顿会议中，美国政府提出了一项意义深远的海军裁军提案，于是英美政府颇有兴致地着手于凿沉他们的战舰，解散他们的军事机构。他们本着一个奇怪的逻辑，即战胜国不解除武装而让战败国解除是不道德的。英美其实是将谴责的矛头直指法国，只因法国保留了已经大规模缩减的、以普通服役为基础的军队，却无视法国同时失去了推至莱茵河的边境线的安全条约保证。

美国向英国明确表示，如果英国继续和日本结盟，就会成为英美关系的绊脚石。日本对于与英国的结盟是忠贞的，但由于美国的介入，英日结盟破裂，这引起日本强烈的反响，认为西方世界是在随意将一个亚洲国家踢开，许多联系本可以证实是取得和平的决定性因素，但都被切断了。不过至少日本还是有所欣慰的，德俄两国的垮台，使日本一度成为世界第三大海军强国（英美两国排名日本之前），这无疑使日本排名提升到了最高。尽管《华盛顿海军条约》规定日本主力舰的比例应比英国和美国少（比例为五比五比三），但这个配额也已大大超出了日本的现状，就日本的造舰能力和经济实力而言，还要奋斗好些年才能达到。因此，日本默默地注视着英美这两个海军强国互相削弱彼此的实力，也默默地等待着，直到英美两国的实力削弱到了已根本无法承担其应尽的责任和义务的水平。这样，无论在欧洲或在亚洲，胜利的协约国在和平的名义下，为自己的对手创造了迅速崛起的条件，也为下一场新的战争扫平了障碍。

*　　*　　*

　　虽然如此，一个可靠的和平保证还是依然存在着。德国被解除了武装，他们所有的武器大炮都被摧毁，舰艇已在英国的斯卡帕湾自行凿沉，庞大军队也已被解散。根据《凡尔赛和约》，为了维持国内秩序，德国只允许有一支人数不得超过十万人的军队，并不能在比基础上增加人数。同时，每年招收的新兵不再进行军事训练，训练军队的军官已被遣散。所有这些做法都是为了尽可能地削减后备军团，将其人数限制在原来人数的十分之一。除此之外，德国不被允许任何形式的空军部队存在，潜艇被禁止，海军也被削减，数量限定在了几艘一万吨以下的舰艇之内。中欧的波兰和捷克斯洛伐克似乎挺起了腰杆昂首独立；匈牙利也从贝拉·库恩的打击中恢复了过来；法国陆军借着胜利的荣誉桂冠，理所当然地成为欧洲最强大的军事力量，在此后的若干年内，甚至法国空军也被看作是世界一流水平的。

　　直到 1934 年，战胜国在整个欧洲乃至整个世界依旧所向披靡。在这十六年中，只要三个前协约国，甚至只需英法两国和欧洲的同伴一起，随时都可以以国际联盟的名义，以国际力量为后盾，即可控制德国的军事力量，但可惜他们都没有这样做。相反，各战胜国，特别是美国，集中力量采取棘手的外交手段，迫使德国偿还每年的赔款，这种情况一直持续到 1931 年。实际情况是，德国所欠赔款只能通过贷款来偿还，而为数最多的贷款又恰好来自美国，这就使整个过程变得十分荒谬可笑，到头来只能是种下了仇恨的种子。如果在 1934 年之前就能严格执行和约中关于解除德国武装的条款，不要武力，不需流血，人类的和平与安全就可以得到保证。但事实是：当德国违约的情形尚属轻微时，谁都不去重视；而当违约情况严重时，又没人及时制止，于是，为保障长久和平做出的最后努力徒劳无功。战败者在胜利者的愚蠢行为中找到了犯罪的温床和理由。如果不是战胜者的这些荒唐行为，战败者既没有犯罪的条件，也没有犯罪的机会。

*　　*　　*

　　在本章中，我试着描述了一些事件和自己的感想，它们在我脑中变成了故事，告诉大家，在喧嚣的人类史上，这个空前的悲剧是如何酿成的。这场战争不仅仅是生命财产的毁灭，这只是战争不可避免的一部分。在第一次世界大战中，军人遭到残忍的屠杀，各国长期积累的财富也在战争中消耗殆尽。战争结束时，欧洲文明的脊梁还依旧矗立。当风暴消散，尘埃落定，炮声骤停，国家之间虽然充满仇恨，但依旧会承认对方的历史、种族和特点。整体上看，战争的规则得到了尊重。交战双方的军人之间也都有着共同的作战原则。不论胜者还是败者，都同样保持着文明之邦的气度。人们建立起庄严和平的秩序，除了在经济方面无法施展外，这种秩序成了 19 世纪的基本原则。各个文明国家之间的相处都越来越离不开这些原则。人们宣扬依法统治，国际机构应运而生，以保护我们大家，特别是保护欧洲，防止人们再次遭受战争的威胁。

　　而如今的二战，人与人之间的所有关系都化为云烟。在希特勒的统治下，德国人犯下了滔天大罪，其规模之大、性质之恶毒，都是人类历史上前所未有的，成了人类史上一笔最黑暗的记载。仅在德国集中营里，就有六七百万男女老幼被有组织有计划地残忍杀害了。在东部战场上，德国和苏联都曾蓄意推行人口灭绝政策，在不设防城市进行空袭轰炸。空袭最初由德国发起，但日益强大的同盟国以二十倍的力度予以还击，最终以在广岛和长崎投下两枚原子弹而告终。原子弹的使用导致两个城市被摧毁，也把战争推到了登峰造极的程度。

　　现在，我们终于从这场物质毁灭和道德沦落的浩劫中挣脱了出来，这种黑暗是多少世纪以来人们无法想象的。但是，在遭遇了所有的艰难险阻终于获得战争胜利后，我们发现面前的路依旧关隘重重；在历经千辛万苦从战争中走过来时，发现面前的挑战仍旧只增不减。

　　这就是我写这本书的目的。作为曾经在那段日子里工作过生活过的人，我想以一个亲历者的身份向读者说明：第二次世界大战的悲剧，本可以轻而易举地避免，无底线的仁慈是何等软弱，助长了邪恶之人的凶狠。在书中，我们将看到除非联合为更大的组织，否则民主国家就会缺少一种坚韧性和可信度，无法给老百姓带来安全感；甚至在自卫问题上，如果没有联合组织，在一连长达十年或十五年中都没有政策可言。在书中，我们也将看到谨慎而克制的决议如何演变为导致严重危险的主要因素，在渴望安全和平静的生活中，折中妥协的办法是如何正中灾难的靶心。在书中，我们还将看到在这些年中，不论各国政治如何变动，各国共同采取一致的国际行动是何等必要。

　　要想避免战争再次爆发，最简单的政策就是在三十年内废除德国的军备，而战胜国则一定要保持充足的军事力量。同时，就算无法与德国达成和解，也一定要建立一个更为强大的、真正意义上的国际联盟，有能力保证条约的贯彻执行；联盟中若对条约有异议，必须经过讨论和各方同意方可进行修改。既然在一战中，已有三到四个强国政府要求他们的人民做出最大的牺牲，人民也为了共同的事业毫不犹豫地全力以赴，最终也获得了盼望已久的结果，那么在这个长久愿望最终达成之时，我们有理由共同协作，至少为了永不抛弃的最根本的信念和原则而努力奋斗。尽管战胜国拥有如此雄厚的实力、先进的文明、高超的学问、渊博的知识和发达的科学，对于这个并不过分的要求，却不能予以满足。他们还是过一天算一天，从一场选举到下一场选举，结果二十年的时间刚刚过去，第二次世界大战的可怕信号就出现了。在此，为那些在战场上战斗和牺牲的儿女们，我们只能奉献这样的描写：

　　　　他们的肩，并着伤痛的肩；步伐，跟着沉重的步伐。
　　　　疲惫跋涉，走远，远离生命之光的辽阔原野。

第二章

TWO

动 荡 不 安

劳合·乔治下台——鲍德温恢复关税保护政策——英国社会党人第一次上台执政——我出任财政大臣——战争债务与赔款——兴登堡当选德国总统——奥斯汀·张伯伦的功绩——德国恢复繁荣——经济危机——麦克唐纳的第二任政府垮台——我被迫下野——英国的金融动乱

1922 年，英国出现了一位新的领袖斯坦利·鲍德温，他原来在国际舞台上默默无闻，在国内政坛上也只是普通的一员。他曾在一战时出任财政部财政秘书，现为贸易委员会主席。他于 1922 年 10 月取代劳合·乔治成为英国领导人之一治理英国，直到 1937 年 5 月，功成身退，载誉而归。卸下重担之后，他回到伍斯特郡的家中，过着体面而安静的退休生活。与这位同僚之间的关系，是我下面要讲述的故事的一部分。我们彼此的意见有时会产生严重分歧，但这么多年乃至之后的交往，我们的私人会谈或联系接触，从未发生过不愉快，因为我们之间的交谈向来很真诚，彼此都很了解对方的想法。

*　　*　　*

由于《爱尔兰法案》，劳合·乔治政府承受了来自党内的压力，这股压力随着大选的临近日益加剧。争锋的焦点在于：在大选之前是保持联合政府，还是先解散联合政府。多年来，各政党和大臣们互相扶持，共同经历并承担了许多责任，此时为了国家团结一致，联合执政似乎更符合民众的利益和英国政治的准则。为了使保守党更加容易接受，首相和我在今年早些时候曾书面请辞，并以个人身份支持保守党的奥斯汀·张伯伦组阁成立新政府。仔细考虑了辞职信内容后，保守党领袖给予了回复，坚决不接受我们的牺牲，认为大家必须共同进退，荣辱与共。然而保守党内其他追随者并不为这种侠义精神所动，认为保守党自身十分强大，完全可以独掌国家政权。

保守党以压倒性的票数优势决定和劳合·乔治政府破裂，联合执政结束。首相于当日下午辞职。早晨，我们所有人还是朋友和同事；晚上，他们就成了我们的政敌，决心要把我们逐出政治舞台。出乎意料的是，除了寇松勋爵一人之外，所有保守党的杰出人物，曾经和我们一同并肩战斗的所有主要部长大臣们，都跟随劳合·乔治一同退出了政治舞台，其中包括保守党四个最有才干的人物：亚瑟·贝尔福、奥斯汀·张伯伦、罗伯特·霍恩以及伯肯赫德勋爵。在这个决定性的时刻，我却因为严重的阑尾炎手术而不得不躺在医院，第二天一早，当我恢复意识的时候才知道，劳合·乔治已经辞职，政府已经解体。所以我不仅失去了阑尾，还失去了自治领及殖民地事务大臣的饭碗，我自认为在自治领及殖民地任职期间，取得了议会和行政上的一些成就。博纳·劳先生一年前由于严重的健康问题退出，此刻不得不勉强承诺出任首相。他组建的政府，可以称之为"第二届十一人内阁"，杰出的鲍德温先生在此届政府中出任财政大臣。首相请求国王解散议会，而人们也需要有所改变。博纳·劳先生有鲍德温先生做左膀右臂，又有比弗布鲁克勋爵做他的主要支持者和顾问，获得了七十三票的多数，非常有希望再执政五年。然而，1923年初，博纳·劳先生再次由于身体原因辞去首相一职，退休疗养直至病发逝世。鲍德温先生随即继任成为首相，而寇松勋爵则只好在新一届政府中担任外交大臣。

这样就拉开了十四年所谓"鲍德温—麦克唐纳统治时期"的序幕。在这个时期，鲍德温先生要么是政府首脑，要么是反对党领袖，总是如此。而麦克唐纳先生，从未在两院获得过任意一院的多数票。因此，鲍德温先生不论执政还是在野，都是掌握英国大权的中坚人物。这两个人后来建立了兄弟般的政治情谊。名义上他们代表着相互对立的政党，有着相反的治国理论，也有冲突和利益纷争。但之后证明，他们其实观点一致，性格相近，工作方法类似，这种相似的程度是历史上自君主立宪制以来从未有过的。让人感到好奇的是，拉姆齐·麦克唐纳有很强的老托利党观念；而斯坦利·鲍德温，除了有工业家那种根深蒂固的保护关税的意识外，相比于其他工党人士，内心却是一个典型的温和社会党代表，但两人彼此之间的相互支持是有目共睹的。

鲍德温先生并没有被突然获得的权力冲昏头脑。收到祝贺，他说："请为我祈祷吧。"任首相不久，鲍德温内心开始感到不安，担心劳合·乔治会打着保护关税的幌子，联合那些随战时内阁一同退位并反对他的保守党领袖，召集兵马重返政坛，以此分裂党内的多数议员，甚至威胁他在党内的领袖地位。于是，鲍德温决定抢占先机，于1923年秋天，早对手一步，首先提出了保护关税的政策。10月25日，他在普利茅斯发表了演说，结果这次演说的唯一成果便是，亲手把这个刚刚通过选举产生的政府过早地推下了台。为此，鲍德温自我辩护说他自己也是无辜的，没有料到事情会这般发展；但如果你相信他的这番话，那你就太低估鲍德温对英国政坛的深刻认识了。议会根据他的建议于10月解散，于是在不到十二个月之后，又举行了第二次大选。

自由党在自由贸易的旗帜下结合在一起，我本人也是自由贸易的追随者。自由党尽管是少数，但得票率还不错，如果领袖阿斯奎斯先生有意，自由党也有可能组阁。工党领袖拉姆齐·麦克唐纳先生仅获得议会略多于五分之二的选票，但鉴于阿斯奎斯无意组阁，于是拉姆齐·麦克唐纳便成了大不列颠第一位社会党人的首相，在两个老党派默许和互相争执的夹缝中痛苦地生存了一年。在少数党派工党的统治下，国内形势动荡不安，政治风向十分有利于自由党和保守党，于是两党联合，找准时机，就某个重要问题向工党政府发难，逼其下了台。于是又举行了一次大选——这是不到两年之内的第三次大选。保守党以超过所有其他政党之和的二百二十二票，以压倒性优势再次执政。大选之初，鲍德温先生的实力还非常薄弱，并没有为此次选举做出特别的贡献，但他在选举前保住了自己在党内的领袖地位，于是宣布结

果时，首相人选再次非他莫属。于是鲍德温离职回到家乡，开始组建他的第二届政府。

此时的我颇受保守党的爱戴。六个月前的威斯敏斯特区补选，更能够证明我在保守党内的地位。尽管我是"独立的宪政主义者"，但许多保守党人都在为我工作，为我投票。我有三十四个委员会办公室，由一个保守党的议员负责，这样做公然违背了保守党领袖鲍德温先生和党部机构的规定，也是史无前例的事情。在两万张选票中，我仅以四十三票之差败选。而在正式大选时，我以一万票的多数当选为埃平区代表，不过是以"宪政主义者"的身份参选的，因为当时我还不想接受"保守党"的身份。在休息时，我与鲍德温先生有过几次友好的交谈，虽然当时我并不看好他还能继续担任首相，但是紧接着他就获胜了。我不知道他在获胜时会对我有什么看法。但当他邀请我任财政大臣（这也是我父亲曾经担任过的职务）时，我非常惊讶，保守党也惊呆了。一年后，在选民的支持下，我没有受到任何压力便重新加入了我离开二十年之久的保守党以及卡尔顿俱乐部（即英国保守党总部）。

* * *

任财政大臣后我面对的第一个国际性难题就是我们的美国债务。一战结束后，欧洲协约国欠了美国大约一百亿美元，其中英国欠了四十亿美元。但另一方面，其他协约国，特别是俄国，共欠我们七十亿美元。1920 年，英国曾提议取消所有战争债务，如此一来，就书面记载，我们至少损失七亿五千万英镑。自那时起，货币贬值一半，因此实际损失可能还多一倍，但当时没有任何办法解决这个问题。1922 年8 月 1 日，还是劳合·乔治统治时期，鲍尔福照会宣布：如果美国不向英国索债，英国就不向任何欠债国索要债款，不论是盟国还是敌国都一样。这份声明很有价值。1922 年 12 月，英国政府派代表团出访美国，结果英国同意：不管英国能从其他国家收回多少债款，英国都将向美国偿还全部贷款，只是利息从百分之五降为百分之三点五。

这个协议引起了许多资深人士的关注，特别是首相本人的关注，这是强加给英国的一个协定。英国在这场战争中，包括二战也是如此，从开始奋战到最后，已是劳民伤财，贫困潦倒。而这个协议却要求英国分六十二年偿还全部债款，即每年需要偿还三千五百万英镑。不仅英国，甚至许多与此毫无利益关系的美国财政权威人士，都认为这项协议的基础，对借贷双方而言，都不免过于严厉和目光短浅。而柯立芝总统放言："他们是借了钱，没说错吧？"这话言简意赅，虽是事实，但并没有表明所有事实。国家之间的赔款，如果采取货物和劳务的方式，尤其是采取互惠互利的交易，那不仅是公道的，而且对双方都有好处。如果只是任意而武断地要求偿付战时财政花费所造成的巨额贷款，就势必会扰乱世界经济的整个进程，不管是向同享胜利成果但耗尽国力的盟国，还是向落败投降的敌国索取赔款，都会造成这样的不良后果。显而易见，鲍德温—柯立芝债务协定的执行，是之后导致世界陷于经济崩溃、阻碍世界复兴并激发仇恨心理的一个明显因素。

这时候美国又提高了关税，并将所有挖出的金矿藏到了他们的国库里，这使偿还美国债款变得难上加难。对于其他欧洲盟国，美国的做法也是同样，只不过略微宽松一些而已。这种做法所导致的最直接结果是，每个欧洲国家都把责任归咎到德国头上，对其加紧索债。我完全赞同 1922 年鲍尔福照会的政策，并在当时曾为其辩护；再次担任财政大臣时，我又一次为鲍尔福的政策争辩，并积极采取了行动。我认为，如果英国因为这个缘故不仅成了美国的债务国，还要背着美国的债务去替美国索债，那么，华盛顿方面一定可以看到这种债务索取方式是极不明智的。然而，美国对此却无动于衷，并对我的这种观点深感不满。可以看到，美国继续坚持让英国必须每年偿还贷款，只是降低了利率。

于是，我不得不与我们的盟国商讨重定协议，增加此前我们已经削减了的德国赔款，以设法满足每年向美国国库缴纳三千五百万英镑的赔款需要。于是，几重债务压力同时指向德国，在内部事务方面，

德国还得被迫接受一个干涉德国内政的讨厌的国际监督机构。美国收到了英国三次全额赔款，而这些赔款都是根据修订的"道威斯计划"从德国索赔得来的。

＊　　　＊　　　＊

那时，我住在唐宁街 11 号，和鲍德温先生为邻几乎有五年之久。每天早上，我途经他家去财政部上班时，都会顺路去看看他，在内阁会议室聊上几分钟。鉴于我是他内阁的主要成员，对于发生的事情我都应承担一份责任。这五年里，我们见证了英国复苏的可喜变化。这是一个沉稳能干的政府，在此期间，我们看到了国家的情况在一年年好转。虽然在台面上，没有任何引起轰动或争议的事情可以夸耀，但不论从哪个方面衡量，包括经济和金融，大部分民众的生活的确得到了改善和提高。和执政之初相比，在我们任期结束时，国内和世界形势都安定富足了许多。以下是一句温和而又实在的评论：

我们的政府，誉满整个欧洲。

＊　　　＊　　　＊

此时的德国由兴登堡执政。1925 年 2 月底，弗里德里希·艾伯特去世，他是战前德国社会民主党领袖，也是战后德意志共和国第一任总统，因此必须选举出一位新的总统接替。长期以来，德国人都是在家长式独裁体制下成长的，并受到自由言论和议会反对党派这种历史悠久的形式影响。战败只不过像羽毛脱落的翅膀，带给他们的是一种民主的形式和极端的自由。但这个国家已经被所经历的一切弄得四分五裂，各党派之间争权夺利的争斗使人民困惑迷茫，然而在混乱中兴起了支持冯·兴登堡元帅的狂潮。冯·兴登堡元帅此时已光荣退休。他忠于已被驱逐的德皇，更偏爱王权复辟，支持将德国打造为"英国模式"的君主立宪制国家。这在当时自然是一件非常敏感且最不合时宜的事。因此，当他被恳求成为魏玛宪法下的总统候选人时，不禁极度心烦意乱。"别扰乱我的清静。"他一遍又一遍地说着。

但是请他出山的呼声依旧高涨，最后海军上将冯·提尔皮茨元帅出马，劝他放下顾虑和一己私情，承担起责任，这才终于说服他参选，"为国效力"是兴登堡元帅一直恪守的原则。兴登堡元帅的竞争对手是天主教中央党的威廉·马克思以及共产党的台尔曼。选举于4月26日星期日举行，所有的德国人都参加了投票。然而，令人意外的是，最终的票数结果十分接近：兴登堡一千四百六十五万五千七百六十六票；马克思一千三百七十五万一千六百一十五票；台尔曼一百九十三万一千一百五十一票。兴登堡，凭着自己的威望，却带着十分勉强的态度参选，并打败了他的对手，以多出对手不到一百万的票数摘得总统之位，但他的票数并没有达到绝对多数。当他的儿子奥斯卡早上七点把他叫醒并告诉他这个消息时，他暴跳如雷大骂儿子："把我早叫醒一个钟头干什么，就是到了八点结果还不是一样！"接着继续睡到了平常起床的时间。

兴登堡的当选一开始就被法国看作是德国的挑战，而英国的反应比较平淡。我一直希望看到德国恢复荣誉和自信，以此消除战争的痛苦和仇恨，因此我一点也没为此紧张。劳合·乔治在我们再次见面时对我说："兴登堡是一个非常通情达理的老头儿。"后来证实，当兴登堡还没有老到糊涂之前，他确实是这样的人。虽然年事已高，一些他最激烈的反对者也认为："即使他无所作为，但也绝不会做坏事。"①对于七十七岁高龄的兴登堡来说，任期有七年之久，因此，几乎没有人期待他会再度连任。任总统期间，兴登堡尽了自己最大的努力，公平公正地对待每个政党。毋庸置疑，他给德国注入了冷静的力量和安宁的情绪，使德国不再给邻国构成威胁。

---

① 引自特奥多尔·莱辛（1933年9月被纳粹暗杀）。

＊　　　＊　　　＊

与此同时，1925 年 2 月，德国政府向法国总理赫里欧提议拟定一个公约。根据德国政府的备忘录记载，公约表明，如果在莱茵河有利害关系的各国，尤其是英国、法国、意大利和德国，能签订一个以美国政府为保证人的公约，规定在一个较长时期内愿意承担不对订约国发动战争的庄严义务，那么，德国愿意接受这个公约。此外，德国还表示愿接受一个保证莱茵河区域现有领土状态的公约。由于该公约事关大局，法国政府开始着手和盟友们讨论。英国方面，奥斯汀·张伯伦于 3 月 5 日在下议院将此事提上议会日程。由于法国和德国出现国会危机，延缓了谈判的进程，但经过伦敦与巴黎之间的协商后，1925 年 6 月 16 日，法国驻德大使在柏林向德国总理施特雷泽曼呈递了一次正式照会，表明了态度：除非德国以加入国际联盟为先决条件，否则不能达成任何协议；同时，德国不得对和平条约有任何异议或提出任何修改意见；比利时也必须成为签约国之一。最后，作为莱茵公约理所当然的补充，还需签订一个法德仲裁条约。

6 月 24 日，就英国对此应该采取怎样的态度，下议院展开了激烈的争论。张伯伦先生解释说，按公约规定，英国所承担的义务只限于西欧。法国可能要明确与波兰和捷克斯洛伐克的特殊关系，而英国除了遵守国际联盟盟约中的规定，将不再承担任何义务。英国自治领对于西欧公约反应并不热烈。南非的史末资将军极力避免签订区域性协议，加拿大人反应冷淡，唯有新西兰时刻准备无条件接受英国政府的意见。无论如何，我们仍旧坚持着。在我看来，结束法德两国上千年来的争端，似乎是我们最重要的目标。如果能在经济、社会以及道德上促使高卢人和日耳曼人紧密联系，防止新的争执出现，将长久以来的敌对化为共同的繁荣和相互的依存，欧洲必将重新崛起。在我看来，英国人民在欧洲的最高利益在于调节法国和德国之间的纷争，没有任何更为重要的利益可与之相比或将其抵消。至今，我仍是这样认为。

外交大臣奥斯汀·张伯伦先生，在汇总各政党意见后提出了英国的见解，对此所有内阁成员一致表示支持。7 月，德国对法国照会给予了回复，接受西欧公约中有关德国加入国际联盟的要求，但表示普遍裁军还需要事先制定协议。白里安先生来到英国，就西欧公约以及与此有关的问题进行长时间的商议讨论。8 月，法国与英国完全达成一致意见，正式回复德国，签订公约必须以德国毫无保留地加入国际联盟作为不可或缺的第一步。德国政府接受了这个条件，这意味着合约的条件将继续有效，除非各国共同协商同意修改该合约，这也意味着德国没有得到协约国裁减军备的具体保证。德国民众提出了更多的要求，在强烈的民族主义压力和激烈情感之下，德国民众呼吁取消合约中关于"战争罪行"的条款，要求搁置阿尔萨斯—洛林问题，要求协约国军队立即撤离科隆行政区。然而，德国政府对这些要求并没有特别坚持，但就算坚持协约国也不会答应。

在此铺垫下，洛迦诺会议于 10 月 5 日正式召开。在平静的湖水旁，英国、法国、德国、比利时、波兰、捷克斯洛伐克和意大利代表共聚一堂。会议取得了如下成果：第一，英国、法国、德国、比利时、意大利签订了相互保证条约；第二，德国与法国、德国与比利时、德国与波兰以及德国与捷克斯洛伐克之间分别签订了仲裁条约；第三，法国与波兰、法国与捷克斯洛伐克分别签署了专门协定，协定规定：如果西欧公约破裂，导致波兰与捷克斯洛伐克毫无理由受到武力攻击，法国将负责对两国进行援助。由此，西欧民主国家一致同意，不管在何种情况下都要确保相互之间的和平，都要站在同一战线上，反对其中任何成员国违反公约，对兄弟国发动侵略。就法德两国而言，英国做出庄严承诺，如两国中任何一国成为无故侵略的对象，则第一时间对该国给予援助。这个影响深远的军事承诺得到了议院和全国民众的热烈支持。这是一桩造就历史的事件。

至于英国或法国是否有义务裁减军备，或裁减到何种程度，会议并未涉及。我作为财政大臣，上任不久就碰到这些问题。我对这种两方面的保证有如下看法：一方面，如果法国保持军备，德国废除军备，德国就无法攻击法国；另一方面，如果法国攻击德国，就会使英国顺理成章地成为德国的同盟国，这样法国也绝不会进攻德国。这个建议理论上看起来很危险，因为德法两国如果开战，英国必须加入双方的任意一方，但事实上这种灾难发生的概率很小，所以反而成了阻止灾难发生的最好方法。因此，我既反对法国裁减军备，也反对德国重新武装，因为这会为我们大不列颠招致更大、更直接的危险。德国根据协议加入了国际联盟，这意味着英国和国际联盟给德国民众提供了一种真正意义上的保护。这就造成了一种均势，在这种均势中，以结束德法之间的纷争为其主要利益的英国，在很大程度上起到了一个公证人和仲裁者的作用，平衡了德法两国势力。我们希望这种均势能够维系二十年，在此期间，在长期和平和逐渐增长的信任的影响下，协约国的军备力量自然而然会逐渐缩减，更不用说扩充军备还会增加财政负担。显而易见，只要德国的实力和法国持平，危险就会降临，更不用说德国比法国更强大了。但一切危险似乎都在威严的条约义务的制约下化为乌有。

*　　*　　*

《洛迦诺公约》只涵盖了西欧，因此希望之后能再签订一个"东洛迦诺公约"。如果防止德苏之间未来战争的可能性能够以德法战争的类似主张和相似方式加以解决，那真是令人高兴的事。可是，即使是在施特雷泽曼领导下的德国，也不愿意放弃德国在东部的要求，更不愿意接受领土条约中关于波兰、但泽、走廊地带和上西里西亚的立场和规定。各个反布尔什维克的国家组成了一道"防疫线"，苏联孤立地在这条"防疫线"的后面独自盘算着。尽管我们一直在努力，但在东欧方面没有取得任何进展。我尝试尽可能地满足德国在东部边界的要求，但在这有希望的短短几年中，始终都没有找到这个机会。

*　　*　　*

对于在 1925 年底洛迦诺会议上出炉的条约，人们感到无比喜悦。鲍德温先生第一个在外交部签字。外交大臣没有官方府邸，于是借用我在唐宁街 11 号的餐厅，一起与施特雷泽曼先生亲密友好地共进午餐。我们相聚的氛围非常友好，一致认为如果欧洲这些最强大的国家能真正团结起来，使人们感受到安全有所保障，那么等待欧洲的未来将会是多么美好。这个值得纪念的文件得到议会的强烈支持后，奥斯汀·张伯伦先生荣获嘉德勋章以及诺贝尔和平奖。他的成就是欧洲复兴的最高标志，拉开了三年和平与恢复时期的帷幕。尽管旧的敌对势力只是短暂休眠，新的征兵鼓声却已经敲响，我们完全有理由希望，通过我们努力营造的坚实基础将打开一条向前迈进的大道。

鲍德温第二届政府结束的时候，整个欧洲呈现出一片和平安宁的氛围，不仅过去的二十年，而且在接下来的二十年，都很难看到这种祥和平静的氛围。自《洛迦诺公约》签订后，人们对德国怀有一种友善的情感，因此在《凡尔赛和约》规定撤军的日期之前，法国及协约国军队很早就已从莱茵兰撤退了。新德国在精简了的国际联盟中占得一席之地，德国得到了英美大量的借款，在这种体贴入微的帮助下，德国快速复兴了。德国最新制造的远洋轮船获得了大西洋蓝绶带奖，但并不算公开违反《凡尔赛和约》中解除武装的条款。德国海军已经不复存在。德国空军还未诞生，但已被禁止。而且德国还有许多因谨慎而反对战争的势力，连德国最高指挥部也相信协约国不会允许他们重组军备。但我们面前出现了我之后称之为"经济风暴"的形势。对此，只有寥寥可数的一些金融界人士对此有所察觉，而他们对自己的预见感到恐慌，因而选择了保持沉默。

＊　　＊　　＊

　　1929 年 5 月的大选表明：政党的盛衰交替以及正常的求变之心，是影响选民的强有力因素。在新一届的下议院中，工党以微弱多数反超保守党。自由党以其六十个席位，发挥了举足轻重的作用。可以预见，在劳合·乔治的领导下，自由党一定会对保守党持反对态度，至少一开始是这样。鲍德温先生和我的意见完全一致，认为不应以一个少数党的地位或依靠完全不靠谱的自由党组阁。因此，尽管内阁和党内对此有不同意见，鲍德温先生还是毅然决然地向国王提出请辞。我们全体人员一起乘坐专列来到温莎城堡，请求解散政府。同年 6 月 7 日，拉姆齐·麦克唐纳再次担任首相，成为依靠自由党支持的少数党政府的领袖。

　　这位社会党首相希望，他的新工党政府能通过以下一系列措施使自己脱颖而出。首先，对埃及做出巨大让步；其次，对印度进行影响深远的宪法改革；最后，对世界做出新的贡献，或至少要对英国的裁军做出进一步的努力。他相信自由党一定会支持他的这些措施，这样他就可以得到议会多数人的支持。就是在这个问题上，我和鲍德温先生产生了分歧。五年前他任命我为财政大臣，当时的那种和睦关系第一次明显变得紧张起来。当然，我们私下的关系还是不错的，但我们都知道我们之间有意见分歧。我的观点是：保守党作为反对党，应该在所有帝国和国内事务上与工党针锋相对，应该把维护英国尊严作为己任，就像在迪斯雷利勋爵和索尔兹伯里勋爵领导下那样，应该毫不犹豫地进行争论，即使不能唤起全国的及时响应也在所不惜。就我观察，鲍德温先生已感到坚决维护不列颠帝国光荣的伟大时代早就一去不复返了；而保守党的希望在于适应自由党和工党行动模式，伺机而动，善用策略，分散和吸引大众的情绪，以此赢得大部分选民的支持。他确实非常成功，可谓是保守党有史以来最伟大的党务管理者。在他的领导下，保守党参选五次，获胜三次。然而，只有历史才有资格对

这些事情做出评价。

我们彻底决裂是在印度问题的处理上，首相在保守党的印度总督欧文勋爵（后被封为哈利法克斯勋爵）的大力支持甚至鼓动之下，提出了他的印度自治方案。之后在伦敦举行了一个奇特的会议，其中心人物竟是最近被释放的甘地先生。至于在 1929 年和 1930 年大会中所发生的争论细节，就没有必要在此赘述了。释放甘地，使他成为印度民族主义的使者参加伦敦会议这件事，是我和鲍德温先生关系破裂的临界点。他似乎对事态的发展甚为满意。就此问题而言，鲍德温先生与首相和总督立场一致，并义无反顾地把作为反对党的保守党也引导到这条路上来。我非常确信，我们最终将失去印度，并将给印度人民带来无法预计的灾难。不久，我就此事辞去了影子内阁的职位。1937年 1 月 27 日，我给鲍德温先生的信中写道：

> 既然我们就印度政策的观点分歧已经公开，我认为自己不再适合继续参加事务委员会的各项会议，对于您的友好邀请在此表示感谢。不需多言，我将尽力帮助您在下议院反对工党政府；同样，我也将在大选中做最大的努力以确保工党败选。

* * *

1929 年第三季度末，一切都还呈现出一片希望和快速繁荣的景象，美国更是如此。极度的乐观推进了投资活动的疯长。人们开始著书，证明经济危机只是一个阶段，已经被不断扩大的企业组织和科学家掌控和解决。"显而易见，我们对经济周期已了如指掌，我们所遭遇的经济危机将一去不复返。"这是纽约证券交易所主席 9 月说的话，但就在 10 月，一场突如其来的猛烈风暴席卷华尔街。尽管实力雄厚的机构介入干预，还是没能阻止疯狂的抛售狂潮。一些大银行筹集了十亿美元的资金，以求维持市场稳定，但一切都是徒劳。

过去几年以纸钞形式快速累积的财富顷刻间化为乌有。建立在信贷膨胀这一巨大架构之上的美国数百万家庭的繁荣，如今突然发现只是一种幻觉。曾几何时，连久负盛名的银行也鼓励人们通过低息贷款从事全国范围的股票投资。此外，以分期付款形式购买各种商品（如：房屋、家具、汽车以及不可计数的家庭便利用具）的庞大购买体系也蓬勃发展起来，而现在，所有这一切都烟消云散了。过去极具规模的工厂现已陷入混乱和瘫痪状态。就在昨天，成千上万的工人、技工还开着汽车上班，使停车场成为一个亟待解决的问题；而今天，工资锐减、失业率激增等剧烈的痛苦折磨着整个社会。就在昨天，生产制造业忙碌活跃，各种商品一应俱全，供亿万人享受；而今天，一切美好时刻都一去不复返。美国的银行系统根本没有英国的银行系统那么集中，基础也不牢靠，两万家地方银行关门停业，人与人之间货物和服务的交换方式被破坏，华尔街的崩溃波及了每个家庭，无论是穷还是富。

　　希望拥有更多财富，盼望生活过得更舒适，有更多的人能享受到美好生活，这曾经是美国人一心向往的梦，但不要认为这个美好憧憬一无是处，只是源自幻想和对市场的狂热。任何一个社会，都从未像美国那样生产过如此大量的产品，人民也从未共享和交换过如此大量的商品。事实上，如果人类能够最大程度地发扬其勤奋努力的精神，充分发挥其智慧才华，他们相互之间所能给予的利益是无限的，而这灿烂辉煌的展望却被虚荣和贪婪打得粉碎，这些阴暗的东西压倒并遮盖了人类辉煌的成就。1929—1932 年，股票市场崩塌，紧接着就遭遇了疯狂的物价下跌和生产的缩减，最后导致大规模的失业。

　　经济生活的紊乱产生了世界性的后果。面对失业及生产率的下降，接踵而来的是全球范围内的贸易紧缩。各国政府不得不实施关税限制以保护国内市场。伴随着这次大危机，严重的金融危机出现，国内信贷业瘫痪。破产和失业波及整个世界。麦克唐纳先生的政府，带着许下的众多承诺，眼睁睁地看着1930—1931 年失业人口从一百万飞涨到接近三百万，却对此束手无策。据说美国的失业人口达到一千万，整个合众国的银行系统陷入全面混乱，甚至导致瞬间的崩溃，间接给德国和其他欧洲国家带来了悲剧性的灾难。好在英语国家还没有遭遇饥荒。

*　　*　　*

一个建立在攻击资本基础之上的政府或党派，总是很难保持他们的信心和信用，而这份信心和信用对于英国，又显得至关重要。麦克唐纳的工党政府完全无法处理他们面对的困境，他们甚至无法运用党内纪律，无法拿出必要的魄力来保证预算平衡。在这种情况下，一个早已处于少数地位的政府本身，又丧失了一切财政信心，是无法继续存在下去的。

面对这次经济暴风雨，工党应对失败，导致了英国的财政信用突然崩塌，再加上自由党的分裂（连同它自身不健康的平衡力量的分裂），这一切使一个联合政府应运而生。看来只有一个联合所有政党的政府才有能力解决这次危机。麦克唐纳先生和他的财政大臣饱含爱国精神，力图带领大部分工党成员支持此届联合政府。就鲍德温先生而言，只要他的权利得到保证，别人尽可以发挥作用，现在他愿意为麦克唐纳先生效劳。尽管鲍德温先生的这种态度值得尊敬，但与事实不符。实际情况是：劳合·乔治先生还在手术的恢复阶段——以他的年纪来讲，病情是很严重的，于是约翰·西蒙爵士率领大多数自由党人参加了这届由各党派参加的联合政府。

我没有被邀请加入联合政府。由于印度问题，我已经和鲍德温在政治上有了裂痕。我又是一个反对麦克唐纳工党政府政策的人。和别人一样，我也深感组成联合政府非常必要，但当被遗忘在联合政府之外的时候，我既没有感到惊讶，也没有感到不快。事实上，当这次政治危机持续的时候，我还在戛纳画画。如果当时被邀请加入的话，我会做些什么呢？这很难说。讨论那些令人怀疑的不存在的诱惑是没有必要的。就在这个夏天，我曾经和麦克唐纳谈论过关于联合政府的问题，他也表示有兴趣，对那些积极参与到政治漩涡中的人来说，当时的政治形势确实令人激动。但那时我在政局中所处地位有些尴尬。我担任内阁职务已有十五年，现在又正忙着写《马尔巴罗传》，我可以十分坦诚地说，虽然我在国家如此紧张的时刻被断然抛弃，但我从未感到怨恨，更谈不上伤心难过，只是多多少少觉得有些不方便。自1905 年，在下议院开会时我总是坐在前排的席位上，在座位上站起来发言很方便。我可以把发言稿放在讲桌上，多少给人一种即席发言的印象。现在我不得不在政府席位的过道后边，好不容易找个座位，不管什么时候讲话都得拿着讲稿。至于是否有机会发言，或和其他著名的前内阁大臣们辩论，那要碰运气。不过，我还是常常能得到发言的机会。

新政府的成立并没有控止住金融危机。我从国外回来，发现在大选来临之时，所有问题都没得到解决。选民们做出了无愧于英国民族的决定。联合政府在工党创立者拉姆齐·麦克唐纳先生的领导下宣告成立，政府向人们提出严厉的财政紧缩计划和自我牺牲的要求，这就是"热血、辛劳、眼泪和汗水"的早期版本，只是这个版本还没有经受战争的考验和生死攸关时刻带来的激励。此时必须施行最严苛的经济政策，每个人的工资、薪水或收入都必须缩减。平民大众被要求选择一个节衣缩食的政府，人民接受了，在这个生死攸关的时刻，他们也一如既往地做到了。尽管政府的政策与之前的声明背道而驰，放弃了金本位体制；尽管鲍德温先生迫于形势才暂停支付，最后其实是永远不再支付对美国的债款（1923 年鲍德温迫使博纳·劳内阁向美国支付的债款），但信心和信念最终还是恢复了。新政府取得了压倒性的多数，然而麦克唐纳先生作为首相只得到了本党七到八名成员的支持，但有几乎一百名他的党内反对派和以前的追随者当选为议员。在此期间，麦克唐纳先生的健康状况和精力每况愈下，在这种情况下他仍位于英国政治的顶峰，治理英国将近四年，这是决定性的四年。然而很快，四年后希特勒来了。

THREE

危机四伏

未来战争的种种恐怖——关于未来战争技术的一些预言——协约国痛恨战争和军国主义——十万志愿兵的限额——塞克特将军的工作和主张——"又一个沙恩霍斯特"——协约国管制委员会撤销——德国航空业的发展——拉特瑙的军备计划——可以在战时快速转型的工厂——英国设想"十年内无大战"

在我所著的《战后》一书中，对于自欧洲停战到 1922 年底这四年英国政府的更迭变化，我写下了自己的一些感想。这本书写于 1928 年，当时我已深深预感到了未来悲剧性的大灾难。

直到 20 世纪初，战争才开始进入到可以毁灭整个人类的时代。人类已经组织成为大的国家和帝国，各民族在迅速崛起，集体意识日趋强大。在此基础上，屠杀事业以前所未闻的规模，迈着坚定的步伐，有计划、大规模地展开了。人类最卓越的才华都集中到发展大规模的屠杀能力上。雄厚的财力，世界范围内贸易和信贷的资源，以及巨额资本积累，使得全人类在很长一段时间里能够把精力转移到破坏事业上。民主政体给予了亿万人表现意志力的机会；教育不仅将战争冲突的概念植入人心，并教导每个人要尽全力达到所要达到的目标；新闻媒体也成了一种促进彼此团结和互相激励的工具；宗教在根本问题上会小心翼翼地避谈战争，但却以各种方式给所有战斗人员（侵略者和被侵略者）一视同仁的鼓励和宽慰；最后，科学将她的宝藏和秘密毫无保留地献给了利欲熏心的人们，把决定胜负的强大器械和装备置于人类之手。结果，许多奇异的现象出现了。不仅设防的城镇出现了饥荒，整个国家也一步步地陷入饥荒所导致的国力衰退过程；所有人以各种不同的身份投入了战争，但都是战争攻击的对象；天空划开了一条条的路，把死亡和恐惧带到了远离军队的后方，带给了妇女、儿童、老人和病人，带给了那些在以往的战争中不允许受到侵害的人们；铁路、轮船和机动车辆奇迹般地组织起来，把成千上万的人源源不断地送向战场；治疗和外科手术技术在实践中不断进步，直至精湛完美，使伤员一次又一次成功返回屠宰场。所有事物，凡是能够在战争这个浪费过程中派上用场的，就坚决不能浪费，甚至连士兵们垂死的哀鸣也能够产生军事效果。

然而大战前四年所发生的一切只不过是一个前奏，不过是为即将到来的第五年做铺垫。1919 年的战役如果打起来，一定会带来前所未有的破坏力。如果德军能够保持士气，成功地撤退到莱茵河，在 1919 年夏季的战役中，他们将会遭到各种闻所未闻、威力强大的袭击。成千上万的飞机将炸毁他们的家园，数万门大炮将对准他们的前线阵地，将其夷为平地。当时对付德国的方案正在制订：将二十五万整装待发的军队，用机械化车辆穿越国界送往德国，以每天十至十五英里的速度向前推进；同时，对德国使用杀伤力极强的毒气，这种毒气只有一种秘密防毒面具可以预防（德国当时无法及时获取）。这种毒气能使敌方全线崩溃，失去抵抗力，所有生命都会陷入瘫痪状态。不可否认，德国也会有他们的战争计划。但怒目相向的时刻已经过去，停战的讯号已经响起，对1919 年的惊恐将永远埋藏在主要交战国的档案里。

像开战的情形一样，战争就这么全面地戛然而止了。世界抬起了头，映入眼帘的满是废墟，战胜国和战败国都舒了一口气。在上百个实验室里，在上千所军械库里，在工厂里，

在办事处里，人们突然站了起来，转身放下他们一直全神贯注的工作，扔下他们还没有完成和没有实行的项目。但他们的知识保留了下来，他们的资料、数据和研究发现，被各国的军事部门匆忙地捆绑在一起，贴上"存档备查"的标签。1919 年的战役没有打起来，但他们的战斗策略却一直延续了下来。在每支军队中，在和平外衣的掩盖下，这些策略都在继续深入探究，仔细推敲，提炼总结。如果战争再次发生，使用的就不是为 1919 年战役所准备的武器装备了，而是这些武器装备的升级版和拓展版，其致命性和毁灭性将是无与伦比的。

正是在这种状况下，我们进入了被称为"和平时期"的疲惫阶段。但在某种程度上，它还是给了我们一个对整体形势进行思考的机会。在思考中，一些令人忧郁的事实，像山峰从漂浮的云雾中慢慢显露出来一样，在你眼前出现了，模模糊糊先是一个轮廓，逐渐成形，直到越来越清晰。在以后的战争中，举国上下的人民，即那些遭受敌人暴虐伤害的人民，都会竭尽全力参与到保卫家园的战斗中去，这是一个颠扑不灭的事实，凡是那些感到自己身处险境的国家，绝不会坐以待毙，而会绝地反击以求生存。这是有可能的——不，这是绝对的——下一场战争所使用的手段是极具毁灭性的，其破坏程度不可估量，或许一旦使用，就会无法控制。

人类从未陷入这样的情境中：没有明显的品德进步，理智上也没有智者的引导，手中却第一次拥有了足以将其族群毁灭的工具。在人类发展的过程中，正是人类所有的荣誉感和勤劳努力将人类引向了这个节点。人类最好能停下来，好好思考一下他们所担负的新的责任。死神已经在立正等候服从命令，迫不及待地准备着向全人类挥舞手中的砍刀。准备着，只要一声令下，就将摧毁所有的人类文明的产物，不留一丝复兴的希望。死神等待的仅仅是一个命令的口号，从屠

弱的、迷茫的人类口中发出的口号，人类一直以来是死神约
受害者，但现在——就只有这么一刻——变成了死神的主人。

*　　*　　*

以上所写的这些话，都已于 1929 年 1 月 1 日出版了。然而现在，
已是十八年后的又一个新年，如果重写，我也依旧一字不改。我在两
次世界大战之间，所有我本人负责的言论和行为，都是为了防止第二
次世界大战的发生；当然也为了确保如果最糟糕的事情真的发生了，
我们能够胜利，或者至少能够幸存下来。我认为，没有任何一场战争
比第二次世界大战更容易预防了，我本人一直都做好了随时使用武力
反抗暴政和避免灾难的准备。然而，如果我们英国、美国还有一战的
协约国能够像处理日常事务一样，本着一致性原则，按照常理办事，
或许就根本不必使用没有法律约束的武力；不但如此，在正义的事业
中，我们还可以运用我们的力量，不见得非要冒流血的危险。然而，
英国、法国，尤其是颇具实力秉公办事的美国，他们遗忘了自己的目
标，抛弃了自己由衷支持的主张，任凭局势发展，导致事态渐渐发展
到人们最为担心的程度。今天摆在我们面前的新问题，恰恰是如此的
相似，如果这些国家仍旧还是要用同样善意的目光和短浅的行为处事，
肯定会导致第三次世界大战的爆发，那时恐怕没有人能活下来再给后
人讲故事了。

　　早在 1925 年，我就写过一些有关技术方面的想法和疑问，今天仍
不应忽略：

　　　　是否会有一些使用爆炸能量的新方法，其威力之大，迄
　　今为止的任何发现都无法与之相比？是否会有一种炸弹，比
　　橘子还小，却有一股神秘的力量能炸毁整个街区的建筑？不，
　　是否能集中千吨火药的威力，一瞬间炸毁整个城镇呢？是否
　　能将现有的炸弹通过无线电或其他射线装在自动操作的无人

飞行器上，不停地轰炸敌方城市、军械库、大本营或者造船厂？

至于各式各样的毒气和化学武器，那只是一本恐怖书中已经写完的第一章。毫无疑问，莱茵河两岸的人们无一不借用科学之力、抱着极大耐心研究着每一条新的毁灭之路，他们不禁要问：为什么这些毁灭性资源仅限于无机化学呢？疾病研究——正在有步骤、有准备地将各种病毒植入人体或者动物体内——这肯定不仅仅只是在大国实验室里进行的研究；还有毁坏庄稼的枯萎病，害死马牛等牲口的炭疽病，不仅可以毒害军队而且足以横扫整个地区的瘟疫病毒——军事科学正无情地沿着这些道路前进。

以上这些话都是在四分之一个世纪前说的。

＊　　　＊　　　＊

一个高傲的民族在战争中被征服，必然会奋不顾身力争尽快重新武装起来，这是再自然不过的事情。只要有办法，他们就绝不会尊重和服从强迫他们执行的条约。

> 安逸会反悔痛苦时承诺的誓约，
> 视其为暴力所迫的无效之约。

因此，强制战败国长期解除武装是我们这些战胜国的职责所在。为达到目的，战胜国必须采取双重政策：第一，战胜国自己必须保持充足的军备，必须孜孜不倦地保持警觉和维护自己的权威，同时要贯彻执行和约中有关禁止敌对国恢复其军事力量的条款。第二，战胜国也应尽全力使战败国消除怨恨，以宽容的行动设法使战败国恢复其繁荣，并想方设法创建一个具有共同利益和真正友情的基础，逐渐消除战败国试图再次诉诸武力的动机。这些年来我摸索出一条原则："若要战败国裁军，须先安抚战败国怨气。"然而接下来我们看到的是，英、法、美三国在很大程度上采取了截然相反的做法。于是就有了下面的故事。

将一个强国所有的男子集中起来组建成军队，是一项巨大的任务。战胜的协约国在劳合·乔治先生的建议下，将德国军队裁减至十万人，并禁止其征兵。于是这支部队成了军中的核心和熔炉，只要有可能，就可以从中打造出上百万人的军队。这十万士兵就是十万个未来的领袖，一旦决定扩充军队，士兵就会升为士官，士官升为军官。虽然如此，但也不能说劳合·乔治先生防止德国军队重生的计划考虑不周。在和平时期，任何外国的监督都根本无法掌控德国招募的十万军人的素质。然而问题并不取决于此。仅守卫德国边境这一项，就需要三百万至四百万训练有素的军人。因此，德国要缔造一支能与法国抗衡，甚至能超越法国的军队，不仅涉及军官的培养，恢复过去的军团编制，还要每年在全国范围内征召达到服役年龄的男子当兵。志愿军、青年运动团、警队拓编、老兵协会，各种民间组织，甚至非法组织，在过渡时期都可能发挥作用。总之，没有全民皆兵为后盾，这一切都只空有一副骨架，没有皮肉经络的空骨架。

因此，如果没有施行征兵制度，德国根本无法组建一支足以和法国抗衡的军队。这是一条界线，如果不公然违背《凡尔赛和约》，这条界线就无法跨越。德国可以提前做各种隐蔽的、巧妙的、煞费苦心的准备，但总有一天，德国会撕破脸皮违反合约，公然对抗胜利者。因此劳合·乔治先生的原则是正确的。如果当时能对德国施加压力，谨慎提防，德国就不可能再一次沦为战争机器。一般来讲，每年召集的新兵，无论之前受到过多么好的教育，至少要在军团或其他单位训练两年，只有经过这段时期的训练，后备军才能逐渐形成并壮大，而后备军又是现代陆军必不可少的力量。尽管在之前的战争中，法国人员损耗巨大，但无论如何仍保持着每年定期招入新兵和训练新兵的习惯，并将受训的新兵编入后备军，成为整个国家战斗力的一个重要组成部分。整整十五年，德国都不被允许组建类似的后备军。这些年里，德国军队或许有机会培养和发扬其军事精神和传统，但做梦都别指望能与法国对抗，在榜上占得一席之地，因为法国长年累月在坚持不懈地努力发展军备，组织有生力量，每年法国的军事体制都会源源不断地定期输送大批的军事力量。

*　　　*　　　*

塞克特将军是二战时期德国陆军的核心和缔造者。早在 1921 年，塞克特就忙着秘密筹建一支规模不小的德国陆军，为了达到目的，他不惜卑躬屈膝向协约国管制委员会解释。他的传记作者拉本瑙将军在 1940 年德军节节胜利的那段日子里写道："如果 1920—1934 年的领导核心仍旧只是能满足小规模的军队需求，那就很难进行 1935—1939 年的工作了。"比如说，《凡尔赛和约》规定德国军官团的人数必须由三万四千人削减到四千人，但德国想尽办法要突破这条使他们无法复兴的致命界线，尽管协约国管制委员会做了各种努力，德国陆军还是步步为营，一心要实现其重建陆军的计划。据塞克特的传记作者描述：敌人曾费尽心机要摧毁总参谋部，并得到了德国国内各党派的支持。敌人竭尽全力打探德国总参谋部是如何培训参谋军官的，但我们成功地保守了秘密，军事系统和训练课程都未遭泄漏。多年以来，协约国管制委员会又只是从自身的立场出发，试图让德国总参谋部高层的训练简单落后，使其徒有其名，根本不配是什么参谋部。但塞克特对此从未妥协，一心要保住德国总参谋部，因为如果总参谋部被毁，重建将会难上加难。最终，尽管总参谋部的形式已被破坏，但实质还是保留了下来。实际上，有数千名参谋军官和他们的助手，以建设部、研究部和文化部人员的身份，身着便衣，聚集在柏林，深沉地思考着德国的过去和未来。

拉本瑙还对此做过一段启发性的评论：如果没有塞克特，就没有今天（1940 年）德国意义上的总参谋部，因为这个组织的建立需要代

代传承。不论官员们多么有天赋，多么的勤恳努力，总参谋部绝非一朝一夕可以建成。在严峻的考验下，就确保领导权而言，连续性这个概念是非常重要的。仅仅靠个人的知识与能力是远远不够的。战争中，有组织地发展多数人的能力是十分必要的，而这需要几十年的努力。在一支小型的十万人编制的军队中，如果每个人都能成为统帅，就必须要创造出一个伟大的理论框架，这个理论就是：要提倡进行大规模实战训练和军事演习，其目的与其说是为了训练整个参谋部，不如说是为了培养一批高级指挥官，他们将具备全面处理军事问题的思维能力。

塞克特坚持认为，必须避免第一次大战中只凭个人经验总结出错误理论的做法。那次大战的教训都已得到了深刻彻底的研究和反思，并已制定了新的训练原则和新的教学课程。所有现存的章程都被重写，这并不是为了那十万军队而重写，而是为了铸造德意志的武装力量而重写。为了迷惑好奇的协约国，这些章程手册的所有内容都是由特殊字体打印，并且面向公众发行，而内部使用的版本则是机密。其中极力推崇的首要原则是必须将所有重要兵种紧密联合。主要兵种包括步兵、骑兵以及炮兵，将在战术上进行整合，而且要求机关枪部队、迫击炮部队、冲锋枪部队以及反坦克部队、陆军航空兵部队等其他更多兵种密切配合。德国的军事领导人认为，正是主题鲜明的改革，使德国在 1939—1940 年的战役中取得了战术上的胜利。到了 1924 年，塞克特意识到德国军队的力量正在逐渐增长，慢慢超过了十万人的限制。"改革的成果，"据他的传记作者说，"只用十年时间就有收获了。"1925 年，塞克特建成了魏玛防卫军，老陆军元帅马肯森向他表示祝贺，并把塞克特比作沙恩霍斯特。这个比喻并非不恰当，沙恩霍斯特曾在耶拿战役后法国占领德国的那几年，秘密组织普鲁士军队反击拿破仑。"曾经的战火硝烟仍在蔓延，而协约国管制委员会在摧毁德国潜在军事力量方面，没有做出任何贡献。"

1926 年夏天，塞克特率领各路指挥官带着参谋人员和通信部队举行了一次规模很大的军事演习，那时他没有军队，但实际上所有将军、指挥官和参谋部军官都参加了这次演习，从中学到了战争的艺术，以及了解了指挥一支正规德国陆军所要面临的众多技术问题。只要时机成熟，这些人就可以帮助德国恢复到原来的军事地位。

在德国，对正式编制之外的士兵进行小规模的短期训练，已有好几年了。这些人被称为"黑兵"，即非法招募的兵。自 1925 年起，所有这些"黑兵"集中由国防部统一领导，并由国家提供经费。总参谋部 1925 年的计划是要打破条约限制，扩充和发展军队，将现有的七个合法步兵师的数量增加两倍到三倍。但塞克特的终极目标远不止如此，而是要成立至少六十三个师。自 1926 年以来，这个计划实行的主要障碍就是普鲁士社会民主党政府的反对，社会民主党下台后，障碍被扫除，但直到 1933 年 4 月，超过十万人编制的军队才正式建成，尽管德国军队的实力在这之前一直在持续稳步增长，早已超过这个数字了。

洛迦诺会议之后，为了表达善良和美好的愿望，英法政府做出了一个充满问题、颇难补救的决定，即撤销协约国管制委员会，取而代之的是得到国际联盟一致赞同的调查计划，只要任意一国要求调查，随时都可以实施这个调查计划。这个决定原本考虑可作为《洛迦诺公约》的补充条款，但最终没有实施。法国福煦元帅指出，尽管德国的有效武装力量已被解除，但仍必须意识到，一个拥有六千五百万人口的国家是不可能永久性解除武装的，因此特定的防范措施是必需的。不管如何，1927 年 1 月，协约国管制委员会还是从德国撤出了。当时人们已经知道，德国正在以各种秘密隐蔽的方式破坏《凡尔赛和约》，毋庸置疑，他们正在制订书面计划，旨在使德国再度成为军事国家。他们有童子军、少年团，还有许多没有武装的志愿团体，由青年和退伍老兵组成。而陆军和海军方面，大规模的行动是不可能不被发现的。至于实行国民义务兵役制，建立空军武装力量，或建造超过《凡尔赛和约》规定数量的战舰，这一切都表明德国公然违背了自己应该履行的义务。德国已是国际联盟中的一员，因此，国际联盟可以随时指责其违规的行为。

就空军而言，很难做出明确的限定。《凡尔赛和约》明令禁止德国发展空军，于是德国空军于 1920 年 5 月正式解散。塞克特在告别令

中说道，他希望德国空军能再次崛起，空军之魂将永垂不朽。他积极鼓励这样做，第一步就是在德国国防部成立一个由前空军军官组成的特殊部门，当然，这个部门是瞒着协约国管制委员会秘密成立的，甚至连德国政府对此也一无所知。由此，"空军细胞"逐渐扩散，渗透到了国防部的各个办事处和检查团，许多空军官员逐渐被引进到陆军部队，成为陆军军官。塞克特还提名由一位经验丰富的军官负责民用航空部，以确保民用航空的控制和发展能与军事需要互相配合。这个民用航空部，还有德国民用航空公司，以及不少伪装在陆军、海军里的空军机构，大部分都是由前空军军官担任职务，而这些军官没有任何商务航空方面的知识。

　　甚至在1924年前，整个德国就建立了初具规模的飞机场和民用飞机制造厂，就已经有了飞行员，并教授大家如何被动防空。当时已有相当规模的商业航空飞行表演，在全国范围内都有滑翔机俱乐部，教授和鼓励大量的德国男男女女培养航空意识。关于严格控制民用航空人员数量的规定，德国在书面上是遵守了的。但这些规定，包括许多其他规定，都被塞克特巧妙地规避过去了。在德国交通部的默许和纵容下，塞克特成功地为建立高效的航空工业和未来的空军部队打下了坚实基础。1926年，在缓和矛盾的背景下，协约国认为，过多针对德国有关违反规定的问题，会破坏德国人民的民族自豪感。胜利者们自鸣得意地把赌注压在禁止德国成立空军的规定上，其实这个限制规定的内容是非常含混模糊的。

　　就海军而言，根据《凡尔赛和约》，德国只准许保留少量海军，兵力不能超过一万五千人。而德国人利用各种托词诡计设法增加海军人数。海军的许多组织秘密混杂在各种民事部门中。赫尔戈兰以及其他地方的军事要塞，并未按照条约规定被摧毁，而是很快由德国海军接管。德国还违法建造潜艇，并在其他国家训练潜艇官兵。为了保住德国海军，为了有朝一日恢复海上的霸权地位，凡是能够做的事德国都竭尽全力去做了。

　　在其他具有决定性意义的问题上，德国也取得了极大的进展。

1919 年，拉特瑙任建设部部长期间，就大规模地重建了德国的军工业。他告诉他的将军们："他们摧毁了你们的武器，但这没有关系，因为这些武器在下次开战前早就成了废物。下次战争，我们将用最新的武器参战，那么，我们这些最不受过时武器限制的军队，将会拥有最大的优势。"

尽管如此，在受协约国管制的这些年，德国的官员们一直在为保存武器不被销毁而做着艰苦卓绝的努力。他们采用各式各样的障眼法迷惑协约国管制委员会。这些欺瞒和阻挠的小手段逐渐发展到谨慎周全、有计划、有组织的活动。德国警局最初还会干涉制止这种行为，后来就逐渐与国防部沆瀣一气囤积武器了。在民间组织的掩护下，保护储藏武器设备的组织建立了。从 1926 年起，这个组织的成员扩散到了整个德国，并在全国范围内成立了保存各种武器的仓库网。同时，他们用更巧妙的方式来制造生产武器的军用机床，为未来的战争做准备。因战争目的而建的或者可以改建为制造军火的机床，都被作为民用品而保留了下来，其规模远远大于普通商业的需求。根据《凡尔赛和约》本应该关闭的国家军械库，也没有被封闭。

于是，一个面面俱到、条理清晰的计划开始实行了。许多靠英美贷款建造的新工厂，从建成开始就有计划地、迅速地转为军工厂，许多原来的旧工厂也是一样。这个计划周密详尽的程度足可以写成几本书。1922 年，拉特瑙先生被反犹太分子及早期纳粹秘密社团残忍谋杀，他们把心中的仇恨都发泄到了这个犹太人身上，其实这个犹太人是德国忠实的奴仆。1929 年布吕宁上台，他满怀激情并小心谨慎地执行这个德国复兴计划。因此，当胜利者还在为德国只有大量过时的武器而感觉高枕无忧时，年复一年，一个拥有巨大新型军备生产潜能的德国正在崛起。

*　　　*　　　*

1919 年战时内阁决定，为响应廉政运动，各军事部门编制预算时应按照以下的假设进行：大英帝国在接下来的十年将不再卷入任何世界大战，因此不需要远征军。1924 年我出任财政大臣，曾要求帝国国防委员会重新考虑这条原则，但没有人采纳我的建议提出修改方案。到了 1927 年，作战指挥部又提出，就陆军而言，1919 年的决议应该延长为"从现在起"的十年内，这个建议得到了内阁和国防委员会的支持。直至 1928 年 7 月 5 日，这个问题再次被提出讨论，我以接受的态度建议说："军事部门的预算可建立在近十年不参加世界大战的基础上，这个基础可以随着时间一天天往前推，但这个假设每年都应接受帝国国防委员会的核查，以确定是否应当继续执行。"我的这个提议给每个军事部门和自治政府留下了自主裁决的空间，他们可以在认为合适的时候提出来，看这个"十年之约"是否应当继续执行。

曾经有争论说，接受这个"十年之约"会导致军事部门陷入错误的安全感，以为可以高枕无忧了，因而忽视对战争的研究，目光短浅的观点也会流行起来，涉及财政支出部门时更是如此。然而，截止到 1929 年我离开财政部的时候，我还是满怀希望，认为世界可以保持和平，我也没有发现战争迹象，需要采取新措施应付；当然，这并不意味着我的看法有错，毕竟直到 1939 年战争才爆发。在这个局势不稳、战争一触即发的年代，十年真可谓是漫长的，再加上"十年之约"还规定要一天天地往前推算。因此，直到 1932 年 3 月 23 日，麦克唐纳政府才做出正确的决定：十年不再卷入世界大战的假设可以取消了。

在这段时间，协约国拥有足够的实力和权力，可以阻止德国进行任何台面上的重整军备的活动。在英、法、意三国强硬的联合命令下，德国不得不遵守和平协议的规定。回顾 1930—1938 年这九年来的历史，我们会发现我们曾有那么多时间可以阻止德国，甚至到了 1934 年，阻止德国重整军备还不需损失一兵一卒。因此，我们所缺少的绝不是时间。

第四章

FOUR

阿道夫 · 希特勒

双目失明的下士——出身寒微的领袖——慕尼黑暴动——希特勒和德国陆军——施莱谢尔的阴谋——经济风暴的冲击——以德法军备均等为前提的谈判——施莱谢尔的干扰——布吕宁下台

1918 年 10 月，英军袭击科明附近地区时，一名德国下士在此次袭击中遭受芥子气侵害，一时双目失明。当他躺在波美拉尼亚的医院接受治疗时，德国各地在战败之余，革命烽烟四起。这位下士，一个卑微的奥地利海关官员的儿子，年轻时曾梦想成为一名伟大的艺术家，然而最终维也纳艺术学院考试失败，他只得在维也纳过着贫穷的生活，随后辗转来到慕尼黑，有时干油漆工，但常常是给人打零工，生活上穷困潦倒，这使他心中愤愤不平，认为世道不公才使他一事无成。他开始对德国和日耳曼民族形成一种畸形的种族忠诚感，充满狂热与痴迷。战争爆发时，他怀着满腔热情参加了军队，在西线作战的巴伐利亚团服役了四年。这便是阿道夫·希特勒的早期人生经历。

1918 年的冬天，他躺在病床上，双目失明，无依无靠，不由地感到他个人的不幸似乎同整个日耳曼民族的苦难融为了一体。这位团传令兵虽伤势渐愈，内心却痛苦万分，德国的溃败，法律与秩序的瓦解，法国的大胜，无不令他寝食难安。与此同时，一种异常的、无可估量的，甚至足以决定人类命运走向的精神力量逐渐在他的体内形成。他认为德国的失败是无法按常理解释的，这其中一定隐藏着一个惊天的阴谋。这位小兵内心孤独、压抑，他冥思苦想，企图推究这场溃败的原因，然而这一切思考仅仅建立在他个人狭隘的生活经验之上。他在维也纳曾与一些极端的德国民族主义小组接触过，从他们那儿听到了

一个种族：犹太人，他们被认为是北欧日耳曼民族的敌人与剥削者，进行着一些邪恶的破坏活动。他扭曲的爱国主义情怀使他对犹太人变得愤怒，再加上对富人及成功人士的嫉妒，最终汇集成了一股无法抑制的仇恨。

这位籍籍无名的病人最终治愈出院，他仍然穿着军装，对军装他似乎带有一种学生似的崇拜之情。而当他揭开眼睛上的纱布时，看到的又是一番怎样的场景呢？他的周围萦绕着一片绝望与狂热的氛围，处处都有红色革命蠢蠢欲动的气息。溃败的震荡令人害怕。装甲车在慕尼黑的大街上横冲直撞，向逃亡的路人分发传单或射击子弹；曾经与他共事的同事，在制服的臂膀上佩戴着红色袖章，以示抗议，他们高呼口号，反对他在世界上所在乎的一切。他恍然大悟，是犹太人，他们在后方投机倒把大发国难财并阴谋通敌，是他们在背后捅了德国一刀，并将其打倒在地。此刻，他仿佛看到自己的使命在向他招手，他要拯救整个德国于水火之中，替它所受的不公待遇报仇雪恨，带领这个"生而为王"的种族回归到它久已注定的命运中去。

他所在军团的长官们对部下那种煽动性的革命热情早已深感恐慌，但他们很高兴，无论如何总算发现了一个似乎了解局势根源的人。希特勒下士渴望待在军队，他为自己谋得了一份"政治教员"或者说特务的差事，并乘职务之便，收集了一些关于叛变与颠覆行动的情报。不久之后，他的上司，一位负责安全的官员要求他参加当地各种政党的集会。1919 年 9 月的一天晚上，这位下士参加了在慕尼黑一家啤酒馆里召开的德国工人党的集会，在那里他第一次听到人们所发表的言论，和他内心的信念如出一辙，都是反对犹太人，反对投机分子，反对使德国堕入深渊的"十一月罪犯"。同年 9 月 16 日，他加入了这个政党，随后不久，他开始担任该党的宣传工作，与他在军队的工作齐头并进。1920 年 2 月，德国工党的首次大会在慕尼黑举行，阿道夫·希特勒完全控制了这次会议，并为德国工党的党章制定了二十五个要点。至此，他已经成了一名政客。他救国运动的宏伟计划就由此开始了。同年 4 月，他从军队复员，便全身心投入到扩大该党的规模和影响力上。到第二年的年中，他已经把该党原来的领导人一个个赶出了党内，并以自己的热情与才能征服了其他党员，在党内形成了个人"独裁"，一步一步登上"领袖"神坛。他购买了一家经营不善的报纸——《人民观察家报》，使它成为该党的党报。

共产党人很快就识破了这个敌人。他们竭尽全力破坏希特勒的集会，于是在1921年末的几天里，希特勒第一次组织了他的冲锋队。至此，一切活动都是在巴伐利亚地区内进行。但是，由于战后几年里，人民一直生活在水深火热之中，因此全国各地有越来越多的人开始倾听这个人传播的新福音。1923年，法国占领鲁尔区，整个德国对此愤恨不满。德国马克的崩盘，也摧毁了德国中产阶级的根基。

从一开始，希特勒便毫无隐讳地表明，夺取政权之路必须从武装推翻魏玛共和国政府入手，其原因在于魏玛政府是战败的产物，是耻辱。1923年11月，这位"领袖"身边已有一群坚定的追随者，他们中的佼佼者有戈林、赫斯、罗森堡和罗姆。这些活动家们认为夺取巴伐利亚州政权的时机已经到来，享有盛名的鲁登道夫将军支持这次冒险行动，并走在这次暴动的最前面。德国国内在战前有一句名言——"德国不会有革命，因为德国严格禁止各种革命。"慕尼黑政府当局在这次事变中用行动兑现了这句名言。警察向游行队伍开枪，但他们都小心地避开了鲁登道夫将军，他径直走在队伍的最前面，并受到了警察的敬礼。游行队伍中大约有二十人被杀，希特勒顺势扑倒在地，借机和其他主导这场暴动的人逃离了现场。1924年4月，希特勒被判处四年有期徒刑。

虽然德国当局稳住了事态，法院也对肇事者施以惩戒，然而全国上下都认为当局是在打击自己的骨肉同胞，是以牺牲这个国家最为忠诚的公民为代价，无疑是为了取悦外国人。由此，希特勒刑期从四年减为十三个月。在兰茨贝格狱中服刑的这十几个月，给了希特勒充足的时间，让他完成了《我的奋斗》一书的提纲。这本书是他政治思想的阐释，并以此献给那些在这场暴动中死去的人。当他最终获得政权后，没有一本书能够比《我的奋斗》更值得让各协约国的政治军事领

导人研读。德国复兴大计、党政宣传技巧、抗击马克思主义的计划、国家社会主义政权的概念、德国理当享有世界最高的地位，所有这些都在书中给出了透彻的解释。这本书是关于信仰与战争的新《可兰经》。尽管有些夸张、冗长、杂乱无章，但它孕育了这个政党。

《我的奋斗》一书的主题十分简单，以下是书中的主要内容：人是一种战斗的动物，而国家作为一个战斗者的集体，是一个战斗单位。任何一个有生命的有机体，如果停止追求生存的战斗，就注定要灭亡，一个停止战斗的国家或种族，难逃灭亡的宿命。一个种族的战斗力取决于它的种族纯粹性，因而必须剔除外族的污染。鉴于犹太人遍及全世界，犹太人必定是和平主义者和国际主义者，而和平主义是一个致命的罪恶，因为它意味着这个种族在生存的斗争中选择了投降，因此，任何国家的首要责任便是培养人民群众的民族意识。个人的聪明才智并非最为重要的东西，意志力与决心才是最重要的品质。领导天赋比其他数不清的从属品质显得更为珍贵。只有暴力才能保证一个种族的生存，因此采取军事手段是必要的。一个种族要想生存就必须战斗，一个不战斗的种族必定会倒退与灭亡。如果日耳曼民族能够及时团结起来，它早已是这个世界的主宰了。新的德意志帝国必须竭尽所能，将散居在整个欧洲的日耳曼人全部团结起来。一个经历过失败的种族唯有重建信心才能复兴，这其中的重中之重，便是军队必须学会相信他们是战无不胜的。要实现复兴，日耳曼民族必须坚信只有通过武力才能重获自由。贵族的原则从根本上来说是正确的，推崇知识并不重要，教育的最终目的是培养一个真正的日耳曼人，即使经过有限的训练也能成为一名战士。如果没有巨大的狂热与激情作为驱动力，历史上那些最伟大的变革根本不可想象。和平与秩序是资产阶级的美德，在这种美德的影响下什么事也做不出来。现在，一个影响世界的伟大变革正在形成，而新的日耳曼国家一定要切实做到：日耳曼种族时刻准备着，要为这个世界做出最后也是最伟大的决定。

外交政策难免会不择手段。外交的目的不是使一个国家英勇地倒下去，而是要确保它能够繁荣和生存。只有英格兰和意大利有可能成为德国的同盟国。民主党和马克思主义者统治的国家主张以怯懦求和平，没有一个国家会和这样的国家缔结同盟。如果德国不能自保，不会有人站出来助其一臂之力，因此德国要想收回失去的领土，祷告上天或寄希望于国际联盟都无济于事，一切唯有依靠武力。德国绝不能重蹈向敌人同时开火的错误，必须选出最危险的一个，竭尽全力对其攻击。这个世界决不会停止对德国的攻击，只有当德国重新获得平等权利，重获在阳光下的国际地位，世界才不会再继续反对德国。德国在外交政策上绝不能感情用事，如果纯粹是因为意气用事而进攻法国，那是愚蠢的。德国需要扩张自己在欧洲的领土，应该放弃战前错误的殖民政策，德国必须寻找机会向苏联，特别是波罗的海诸国进行扩张，但绝不允许与苏联缔结联盟。联合苏联向西欧发动战争是一种犯罪行为，因为苏联的目的就是帮助国际犹太主义获胜。

以上论点就是希特勒政策的"基石"。

阿道夫·希特勒坚持不懈的奋斗使他在德国国内声名渐起，然而这一切并没有引起战胜国的注意，因为他们深陷于党内斗争的烦恼之中，自顾不暇。一段时间后，国家社会主义党，即后来的"纳粹党"，开始牢牢地掌握德国的人民群众、军队和国家机器。这时，"纳粹党"已经成为德国一股不容忽视的力量，获得了世界的瞩目。1924 年底，希特勒刑满出狱，获释时他说五年之后他将卷土重来。

*　　　*　　　*

根据《魏玛宪法》的民主条款，德国每两年进行一次国会选举。此项条款旨在确保德国民众对议会享有完全和永久的控制权。当然，此时这个选举条款的实际意义只能是让德国人生活在一个永无休止的政治狂热与选举的氛围中。希特勒和他的发展之路可以用数字准确地记录下来：1928 年，希特勒在国会只拥有十二个席位，1930 年增至一百零七个，1932 年已达二百三十个。此时，德国的整个社会机构都充斥着国家社会主义党的特务，德国社会制度的方方面面也都受到国家社会主义党纪律的束缚，各种对犹太人的恐吓威胁、辱骂与暴行也随之猖獗。

国家社会主义党经历了复杂的发展过程，在它发展壮大的过程中，充满了种种的欲望与罪恶，在此我们无须按时间进程详细描述。《洛迦诺公约》苍白而短暂的光亮瞬息即逝。大量的美国贷款给人一种繁荣复兴的错觉。兴登堡元帅当选为总统，主持大局，施特雷泽曼任外交部部长。绝大多数深沉而高贵的德国人，本着对伟大而庄严的权威根深蒂固的爱戴，至死不渝地效忠兴登堡元帅，直到他们心目中的神生命垂危、崩溃倒塌。既然魏玛共和政府已不能给这个国家带来安全感和民族荣耀，更不能为他们报仇雪恨，那另外一些强大的力量就在这个纷繁混乱的国家变得积极活跃起来。

战后，胜利者强加给了德国所谓的共和政府和民主体制，在这个带有失败耻辱色彩的体制背后，实际掌握德国政治权力以及这个国家的长期性机构的则是陆军总参谋部。总统上任与下台，内阁的组建与遣散都操纵在这些人的手中。他们认为兴登堡元帅是德国权力的象征，是他们意志的代理人，但是1930年兴登堡已是八十三岁高龄，他个人的影响力与智力已逐渐衰退，变得越来越偏激、专横与独断。战争中兴登堡为自己树立了伟大的形象，现在爱国者俨然把他看作是他们的偶像，一尊犹如"木制的泰坦神"的偶像，用钉子挂在墙上以示对他的崇敬。尽管如此，总参谋部早已意识到，必须要为年老力衰的元帅寻找一位满意的继任者。然而，寻找继任者一事被声势浩大的"国家社会主义运动"所耽误。1923年慕尼黑暴动失败后，希特勒公开宣布了一项严格符合魏玛共和国法律制度的纲领，与此同时，他积极鼓励并策划扩张纳粹党的军事与半军事组织。最开始的冲锋队或"褐衫军"以及人数很少但纪律严明的核心组织党卫队，刚开始力量很薄弱，逐渐在数量和声势上壮大，最后其潜在实力发展到了让魏玛防卫军大为恐慌的地步。

冲锋队首领是一位幸运的士兵——恩斯特·罗姆，他是希特勒的同僚和多年共同奋斗的好友。罗姆是冲锋队参谋长，英勇善战，但此人野心勃勃，又是一个性变态。他的种种劣行并没有阻止希特勒在攀登权力顶峰的艰险之路上与他合作。正如布吕宁抱怨说，冲锋队吸纳了德国国家人民党的大部分组织以及钢盔团的国家退伍军人组织。

在对国内风起云涌的新局面审时度势后，魏玛防卫军的陆军将领们十分不情愿地承认，作为与"纳粹"运动对抗的军事阶层和组织，他们已不能再继续统治德国了。他们双方的共同心愿都是要将德国从地狱的深渊中解救出来，都想报仇雪恨。只是魏玛防卫军代表古罗马帝国的旧秩序，庇护德国社会的封建贵族、地主和富裕阶层；而冲锋队则在很大程度上是一场革命运动，是由那些性情暴躁或愤怒的颠覆分子与那些绝望的穷途末路之人掀起的一场革命运动。他们和自己谴责的布尔什维克人之间的分歧，犹如地球的南北两极。

对魏玛防卫军的陆军将领们来说，与纳粹党争斗无疑会让战败的德国四分五裂。在 1931—1932 年，陆军高级将领都认为，虽然刚毅严谨的陆军总参谋部曾强烈反对过纳粹党的主张，但为了他们自己，也为了整个国家，现在必须与纳粹党联合起来。就希特勒而言，尽管他准备不惜一切代价拿下政权，但是在他面前的是那些曾经领导过伟大德国的领袖们，是那些他年少时就崇拜与敬佩的领袖，所以，希特勒和陆军参谋部就顺理成章地互相达成了协议。陆军部的将领们逐渐意识到，纳粹党的势力在全国发展迅猛，似乎只有希特勒才能够取代兴登堡，成为德国的领袖。希特勒也意识到，要完成复兴德国的大业，必须要跟陆军总参谋部的骨干力量联合起来。双方的交易完成后，陆军总参谋部将领就开始劝说兴登堡把希特勒视为未来的德国总理，希特勒则答应限制褐衫军的活动，并将其交由陆军参谋部管辖，甚至在万不得已时可以解散褐衫军。凭借这些交易条件，希特勒成功获得了德国统治势力的拥护，得到了行政管辖权，并稳稳地攥紧了德国国家元首的继承权。这个下士出身的军官越走越远，步步高升了。

然而，德国国内还有另外一个复杂的情况。如果说陆军参谋部是掌握德国内部各派势力联合的钥匙，那么，好几双手都在想获取这把钥匙。施莱谢尔将军此时发挥着一种十分微妙但具有决定性影响的作用。他是那些谨慎冷静且颇具实力的军界人物的政治顾问。各党派对他都抱有很强的怀疑态度，并认为他是一个处事圆滑、能力出众的政治活动家。他的学识远高于军事教科书，非一般军人所能及。一方面，施莱谢尔早就断定纳粹运动必会产生巨大的威力，并认为有加以遏止和控制的必要；另一方面，他又从这场巨大的暴动中看到，希特勒亲手扶植起来的不断壮大的冲锋队是一个武器，如果陆军总参谋部利用得当，这个武器说不定能够帮助重振德国，甚至帮他稳固地位。抱着这个目的，施莱谢尔从1931年开始与冲锋队参谋长罗姆秘密谋划。于是，两起重大的事件同时展开了：一方面，陆军总参谋部同希特勒勾结；另一方面，施莱谢尔暗中与希特勒的得力助手和潜在劲敌罗姆勾结，进行他的个人阴谋活动。施莱谢尔与纳粹党的革命派，尤其是同罗姆一直保持着联系，直到三年后他们两人被希特勒下令枪毙。自此以后，政治局势就简单多了，剩下来的人也就很好处理了。

*　　*　　*

与此同时，德国也开始受到经济风暴影响。由于美国各银行在国内的投入日益增加，他们为长远考虑拒绝追加对德贷款。美国各银行的这一举动摧毁了德国赖以和平复兴的基础，导致德国工厂大量关闭，众多企业一夜之间破产。1930年冬，德国的失业人数攀升至二百三十万。此时，一战赔款问题也进入到了新阶段。在过去三年里，美国总代办吉尔伯特先生一直代表协约国向德国收取协约国所要求的巨额赔款，其中包括给英国的赔款，经我手直接转交到美国国库。然而这种模式注定不能持久。1929年夏季，美国赔款事务专员杨格先生在巴黎拟定并商讨提议了一份减款方案。该方案不仅规定了赔款的最后期限，而且使德国国家银行和德国各条铁路摆脱了协约国的控制，此外还撤销了赔款委员会而另设国际结算银行。为了阻挠这份方案，希特勒和他的国家社会主义工人党与一些商业利益团体狼狈为奸。这些利益团体的代表人物是好斗但昙花一现的商业巨头胡根堡，他们发动了一场野蛮但徒劳的运动来反对协约国意义深远而心怀善意的缓和方案。德国政府使出浑身解数才在德国国会以二百二十四票对二百零六票的微弱优势通过了"杨格计划"。德国外交部部长施特雷泽曼此时病重，生命垂危，他临终前做的最后一件事，就是促使协约国完全撤出莱茵兰地区，这比《凡尔赛和约》中规定的期限提早了许多。

对于战胜国竟然如此爽快的让步，德国民众普遍反应冷淡。在早些时候或者更乐观的时期，这种让步或许会被视为走向和解、重返真正和平的一大步，会受到民众的欢迎。但是眼下，德国民众担心自己随时会失业，没人会关心这些事。资本外逃将中产阶级摧毁殆尽，迫使他们走上暴力的道路。国际经济压力逐渐削弱了施特雷泽曼在国内的政治地位。以希特勒为首的纳粹党和以胡根堡为首的资本巨头趁机对他进行了猛烈的攻击，最终把他赶下了台。1930 年 3 月 28 日，天主教中央党的领袖布吕宁出任总理。

＊　　　＊　　　＊

布吕宁是威斯特伐利亚的天主教徒，他本人非常爱国，一心想借着现代民主的外衣，复辟以前集权专制的德国。他一方面继续推行拉特瑙先生在遇刺前拟定的工业计划，另一方面不得不在日益混乱的国内形势中竭力维持财政的稳定。然而，他的经济计划和削减公务员人数及工资的举措并不受欢迎，怨恨的潮流反而更加汹涌。在兴登堡总统的支持下，布吕宁解散了反对他的国会，然后在 1930 年的大选中取得了多数席位。很容易看出他现在想竭力号召德国的残余旧势力反对死灰复燃的民族主义者骚动，那些极端民族主义者暴力激进且品质卑劣。为了达到这一目的，布吕宁首先要确保兴登堡再次当选总统，他必须得想出一个新对策以确保兴登堡再次当选。兴登堡是保皇派，布吕宁提出只有复辟帝制才能让德国过上和平安稳的日子，恢复以前的荣光。但如果年迈的兴登堡元帅再度当选总统，布吕宁能否劝他让自己在其最后任期中代行其政呢？如果这个计划能够成功，等兴登堡一

死，布吕宁就可以借机复辟帝制，以填补目前希特勒跃跃欲试想跨进的德国最高权力的真空。综合考虑当前形势，布吕宁认为这是一条正确的道路。但是，布吕宁怎么才能把德国引到这条路上去呢？虽然现在倾向于希特勒的保守派或许会因帝制的复辟而回心转意倒向布吕宁一边，但是社会民主党和工会势力肯定不会乐意看到老德皇或王储重新掌权，所以布吕宁认为不能再建立一个德意志第二帝国，而是应该仿照英国建立君主立宪制，然后在王储的儿子中找一位担任立宪君主的合适人选。

　　1931 年 11 月，布吕宁秘密向兴登堡陈述了自己的计划。这位迟暮的元帅反应十分激烈，他非常惊讶并极力反对，理由是他只受德皇委托，任何与此相违背的做法都是在冒犯他做军人的尊严。他虽然信奉君主政体，但反对从皇子中挑选一人立为君主的君主立宪制，皇位的正统和尊严是不能被亵渎的。同时，德国人既然不愿意德皇返回国内，因此国内就只剩下他自己了，他不愿再继续提及这个话题，和布吕宁没有商量的余地。他说："我既然在这里，我就要留在这里。"布吕宁和这位老将军进行了长时间的激烈争论。布吕宁的理由是：除非兴登堡愿意接受这个不很正统的君主立宪政体的解决办法，如若不然，就肯定会有一个热衷革命的纳粹专制独裁者出现。双方最终还是没有达成任何协议。然而，不论布吕宁能否说服兴登堡回心转意，兴登堡再任总统势在必行，因为这至少能让德国避免顷刻间发生政治崩溃的危险。布吕宁计划的第一步是成功的。1932 年 3 月，德国进行了总统选举，在第二次投票中，兴登堡以多数票击败了劲敌希特勒和台尔曼，再度当选总统。于是，又到了不得不应对国内经济形势和对欧关系的时候了。裁军会议在日内瓦召开，这一事件又给了希特勒机会。他再次挑起了一场运动，反对《凡尔赛和约》给德国带来的耻辱。

　　经过深思熟虑，布吕宁草拟了一份修改《凡尔赛和约》的远大计划。1932 年 4 月布吕宁来到日内瓦，受到了意想不到的款待。在他同麦克唐纳、史汀生和诺曼·戴维斯的谈判中，似乎很有可能达成协议。这次谈话的特殊基础是德、法"军备均等"，但这个原则会有见仁见

智的解释。头脑清醒的人居然会想到可以在这样的基础上建立和平，这确实令人吃惊。关于这个问题，在后面几章里还要讲到。假使胜利者在这个关键问题上做出让步，那就很可能把布吕宁从逆境中拉出来。还可以有第二步——十分睿智的一步——那就是为了欧洲的复兴而取消赔款。假使这种解决办法能够实行，布吕宁就一定会被抬高到胜利者的地位了。

美国大使诺曼·戴维斯打电话给法国总理塔尔迪厄，请他立刻从巴黎赶来日内瓦同布吕宁谈判。但塔尔迪厄此时得到了另外的消息，这对布吕宁来说可真是不幸。这时施莱谢尔正在柏林大肆活动，他抢先一步警告法国大使，劝他不要同布吕宁谈判，理由是布吕宁政府即将倒台。同时塔尔迪厄也可能是担心在"军备均等"这个方案下法国所处的军事地位。不管怎样，塔尔迪厄没有去日内瓦，布吕宁也于5月1日返回柏林。布吕宁在这样一种形势下两手空空返回柏林，对他来说是致命的。为了应对德国内部威胁巨大的经济崩溃，必须采取剧烈的甚至是破釜沉舟的手段。但布吕宁的政府已失去民心，没有力量采取行动，扭转乾坤。布吕宁在5月份整整挣扎奋斗了一个月。与此同时，塔尔迪厄也在变幻莫测的法国议会政治中，被赫里欧取代。

新任法国总理宣布准备商讨在日内瓦谈判中所达成的方案。美国驻柏林大使奉命敦促德国总理布吕宁立即返回日内瓦，不能有片刻迟误。5月30日晨，布吕宁接到电报，但此时施莱谢尔的努力已大功告成。兴登堡听取了他的意见，决定解除布吕宁的总理职务。就在这天早晨，当美国的邀请电报（充满希望但措辞并不审慎的电报）送到布吕宁手中时，他知道自己的命运已成定局；中午时分，布吕宁提出辞职，以免被下令免职。在战后的德国，最后一个或许可以使德国人民享受安定和文明的宪政，或许能够帮助德国走向睦邻邦交之路的政府，就这样结束了。如果中途没有施莱谢尔的阴谋和塔尔迪厄的延误，那么协约国向布吕宁所提的建议，肯定能挽救布吕宁。然而，现在这些建议只好同另一个政府和另一个人来讨论了。

第五章

FIVE

荒废岁月

印度的分裂——全德大动荡——总理继任者施莱谢尔的失败——希特勒当上总理——1933 年 2 月 27 日国会大厦失火——质量上的裁军——军备均等——"麦克唐纳计划"——"幸好有法国军队"——希特勒退出国际联盟——纽约遇险——我在恰特韦尔庄园的宁静生活——远东危机——日本侵华

　　通过 1931 年大选所产生的英国政府，表面上是英国历史上最强硬的政府，但实际上却是最软弱的政府。首相麦克唐纳同工党决裂，而这个政党是他花费了毕生心血创建的，此时麦克唐纳和工党双方对立情绪很深。他的政府，名义上是联合政府，但事实上保守党占优势，因此，虽身居政府首位，却并无实权，他只得在首相之位上苦苦挣扎。鲍德温先生则与之相反，宁要实权，不在意是否为首脑。他退居幕后但大权在握。约翰·西蒙爵士则为外交大臣，也是自由党领袖之一。内维尔·张伯伦先生主持内政工作，不久后将接替斯诺登先生，出任财政大臣。工党因未能解决金融危机饱受英国民众责难，在选举中惨遭严重打击，现在由极端和平主义者乔治·兰斯伯里负责领导。1931 年 8 月—1935 年 11 月，在该政府执政期间，欧洲大陆的整个形势发生了天翻地覆的变化。

　　当新议会召开第一次会议时，政府要求对印度政策作信任投票。关于这个事件，我当时提出了如下修正案：

　　　　该政策并没有规定本院必须按照《威斯敏斯特法案》制定一部印度自治领宪法。而且在这个特别时期，任何有关印度自治的问题，都不得有损印度帝国的和平、秩序和良好的治理，议会将为此而担负根本职责。

我借此机会说了长达一个半小时，大家都聚精会神地听着。但对于这个问题，同之后的国防问题一样，不论怎么商议，结果都不会有任何改变。在与这个相比之下不是很重要的东方国家问题上，我们已经走到了极端可怕的地步，眼看着几十万可怜的人民深陷厮杀，原本他们只是希冀在和平公正之下谋得生存。于是我冒险向对此一无所知的同僚们讲述了一些情况：

> 只要英国在印度的权力有一刻的松懈，穆斯林与印度教徒之间的旧仇就会死灰复燃，并且变本加厉达到极致。这是一种我们无法轻易理解的仇恨。在这种仇恨的影响下，许多比邻而居的民众彼此相互厮杀，无论是男人、女人还是孩童。由于英国大有失去对印度统治之势，人们相信只要提出要求英国就会撤离印度，因为穆斯林和印度教徒之间的关系恶化已达近一百年之久。

在议会休息室里，我们能说服的人仅有四十多个，明显无法与下议院三个政党抗衡，这势必成为标志着英国在走下坡路的一个不幸的里程碑。

* * *

与此同时，德国全国处于动荡之中，各种重大事件接踵而至。

1932 年 5 月，布吕宁内阁解散，随后的一年时间里，出现了很多事情。巴本和政治将军施莱谢尔都一直企图利用手段和阴谋获取德国统治权，但现在这种机会已经溜走了。巴本继布吕宁之后任总理，他渴望获得兴登堡及其亲信和国会内极端国家民族主义派别的支持。于是，7月20日，巴本迈出了决定性的一步：迫使普鲁士的社会党政府下台。当普鲁士社会党领袖力斥只有武力才能逼他屈服时，得到的回答却是："需要多少武力？"令这位社会党领袖在办公桌旁气得差点昏迷。此时，巴本的对手施莱谢尔也在积极谋划夺权之事。施莱谢尔打的如意算盘是：在希特勒日益增长的名气和势力背后，隐藏着一股冲击德国政治舞台的阴暗而隐蔽的力量，这才是夺取政权的工具。他希望希特勒发起的运动能为德国陆军所用，借此将两者都掌握在手中。于是自1931年起，施莱谢尔开始与纳粹冲锋队领袖罗姆接触，到了第二年，发展为与希特勒本人甚为私密的接触。施莱谢尔与希特勒这两个人要夺取政权，共同的障碍似乎就是巴本和兴登堡对巴本的信任了。

1932年8月，希特勒奉密召来到柏林。向前跨进一步的机会似乎就在眼前，在这位领袖背后，有一千三百万德国选民的支持，只要开口，相信显赫的官职便唾手可得，希特勒现今的处境，真可谓和墨索里尼向罗马进军前夕所处的地位几乎一样。可是，巴本对最近意大利发生的事根本不屑一顾：只要有兴登堡做靠山，他就不用辞职；并且年事已高的元帅见过希特勒之后并无好印象。"那个人想当总理？我可以让他当我的邮政局局长，好让他舔舔印有我头像的邮票。"可见，在上层人物的圈子里，希特勒比不上他的竞争对手那么有权有势。

在国内，广大的选民们躁动不安，迷茫彷徨。1932年11月，这个国家迎来了这一年的第五次大选，纳粹党在选举中失利，席位由二百三十席减至一百九十六席。希特勒失去了可以讨价还价的优势，施莱谢尔或许也认为他已完全没有什么价值了，因为这位将军已经获得了兴登堡及其亲信们的支持。11月17日，巴本辞去总理职位，施莱谢尔走马上任。但这位新总理比较适合于在幕后操纵，却不擅长于公开执政，他得罪的人太多了，于是希特勒、巴本和德国国家人民党联合起来反对他，导致施莱谢尔的统治举步维艰。在这个关键时刻，巴本借用了他个人对兴登堡总统的影响力，向兴登堡进言，何不把希特勒推出来执政，这样既安抚了希特勒，换掉了施莱谢尔，又收拾了这个烂摊子，岂不是最好的解决办法吗？兴登堡最后终于勉强同意，于是，

在 1933 年 1 月，希特勒登上德国总理宝座。

很快，那些将会或可能会反对新秩序的人就要尝到这位新主人的手段了。2 月 2 日，德国共产党的一切集会和示威被禁止，并在全国各地展开了对共产党秘密武器的搜查行动，这场搜查于 1933 年 2 月 27 日达到高潮。当天，国会大厦突然起火，褐衫军、黑衫军以及其他附属组织奉命出动，一夜之间，包括共产党中央委员在内的四千人被捕。这一切都是出自新任普鲁士内政部长戈林之手，目的是为下次选举打好基础，以确保打败新政府最强大的对手——共产党。组织选举运动正是戈培尔的拿手好戏，他这个人，既不缺手段，也不缺热情。

但是，在德国仍有许多不满希特勒主义的势力，有的不愿接受，有的坚决反对，甚至是极力反对。许多人在混沌彷徨中把票投给了共产党，共产党总共获得了八十一席，社会党获一百一十八席，巴本和胡根堡联合操纵的德国国家人民党获五十二席，相比之下，希特勒纳粹党获得一千七百三十万选票，二百八十八席。他们通过欺骗德国民众，获得了多数选票。其他政党席位总和为二百五十一席，纳粹党比这些少数党派的总和还多出三十七个席位。原本，在一般文明国家议会中，这样数量庞大的少数派，对国家的影响是不容小觑的；然而在新纳粹德国，少数派们现在要明白的是，他们手里根本没有什么权利可言。

1933 年 3 月 21 日，希特勒在波茨坦的驻军教堂毗邻腓特烈大帝陵墓的地方，召开了第三帝国的第一届国会。在教堂就座的有陆军代表，这是德国军力持续发展的象征；还有褐衫军和党卫队的高级军官，他们是德国新崛起的显贵人物。3 月 24 日，国会以四百四十一票对九十四票的压倒性票数，通过了授予希特勒总理紧急措施权力的决议，以四年为期。当宣布决定时，希特勒朝着社会民主党喊道："我再也不需要你们了。"

这次选举非常隆重热闹，欢欣鼓舞的纳粹党队伍在柏林的大街上举行了火炬游行。当队伍经过他们的领袖希特勒的面前时，他们向领袖行了异教徒式的敬礼。对德国人来讲，这是一个漫长挣扎的过程，

那些外国人，特别是没有经历过战败痛苦的外国人，是无法理解的。希特勒终于来了，但他不是一个人来的，同时来的还有从战败的屈辱沼泽中唤醒的德国人内心深处的愤怒，这个愤怒潜伏在欧洲这个人数最多、最有成就，但残酷、矛盾和不幸的民族中为时已久。这愤怒犹如一个要吞噬一切的莫洛克神①，而希特勒则是这个神的祭司和化身。至于这种仇恨与暴政的机构是如何建成的，用了多么难以置信的残忍凶狠手段才将这个机构升级完善，那就不在我要叙述的范围内了。在此，我有义务告诉读者的是，在这个还并未完全成熟的世界上，已然发生了这件可怕的事情：德国已沦落在希特勒统治之下，德国正在武装起来。

正当如此严重的不祥之兆在德国出现的时候，麦克唐纳—鲍德温政府却迫于财政危机，认为必须要在一定的时间内大幅度削减或限制已经为数不多的军备。他们对于欧洲出现的令人不安的征兆始终置若罔闻。麦克唐纳与他的保守党及自由党的同僚一起，热衷于胜利者的裁军，认为战胜国必须裁军，使之缩减到与《凡尔赛和约》强加于战败国的军备数量相等才合理。麦克唐纳—鲍德温政府还向国际联盟施压，采取各种可能的方式提出一系列建议。在法国，虽然他们的政权还是毫无意义地不断更迭，但法国政府坚定地保住了法国陆军，把陆军看作是保证法国和所有盟国生存的中流砥柱。法国的这种态度激起了英、美的联合谴责，而报纸的意见和公众的舆论也完全不能面对事实，一股逆流强势而来。

1932年5月，当下议院各政党对裁军的美德大肆颂扬的时候，外交大臣提出了一项关于武器划分的新界线，认为武器可分为"准许保留"和"应被废止"两类，并称其为"质量上的裁军"。这种说法足以暴露其荒谬而难以使议员信服。我说：

外交大臣告诉我们，要把武器分为进攻性和防御性两个

---

① 莫洛克神，古代腓尼基人信奉的火神，以烧死儿童来祭祀。——译者注

范畴是很不容易的。确实如此，原因在于每一种可以想象到的武器都既可以用作进攻，也可以用作防御；既可以由侵略者来使用，也可以由被侵略的无辜受害者用于反抗。为了阻止侵略者入侵，重炮、坦克和毒气将归入进攻性武器这个罪恶的范畴，然而1914年德国对法国的入侵达到最高峰时，也并未使用以上这些武器。尽管重炮被列为进攻性武器之一，但在要塞堡垒中配备重炮是完全合理的，此处的重炮其性质是正义和善良的；但如果将其推往前线——如果必要的话肯定会推往前线——那么，重炮马上就会沦为滥用兵力且不受控制的罪恶之源，是人类文明所不能容忍的。再比如说坦克，德国人在入侵法国后深挖战壕，短短几年就枪杀了一百五十万试图解放法国领土的英法士兵，为了对抗德国抢占法国领土使用的机关枪，坦克应运而生，坦克为驱逐侵略者、挽救同胞生命立下了汗马功劳。而现在，显而易见，德国为了守住占领法国的十三个省而使用的机关枪将被看作是正义的、防御性的武器，而协约国试图用来保住性命的坦克，却将被那些所谓公平公正的人责备咒骂置于非难之地。

因此我认为更加合理的分类方法，或许应该限制那些有可能会被滥用的武器，这些武器不仅会导致战场上战斗人员的伤亡，而且会导致远离战场的那些男女老少平民的伤亡。在我看来，这才是参加日内瓦会议的各个国家满怀希望通过协商想要探寻的方向。

最后，我对即将来临的战争首次提出正式预警：

德国军事力量与法国很接近，对此我深感担忧。所有那些认为这种状况好像有道理，甚至是公平的人，其实远远低估了欧洲形势的严峻性。对那些希望看到德、法军备在同一水平的人，我只想说："难道你们还想打仗吗？"就我而言，我个人希望德、法军备接近的情况决不要发生在我这一代，甚至我的下一代。我这么说绝不意味着我不尊重或不敬佩德国民族的优秀品质，但我确信，一旦德、法军备等同的言论得以实现，我们将会陷入一场万劫不复的灾难中去。

1933 年 3 月的空军军备预算，暴露出政府和反对党，也就是工党和自由党，完全不了解局势的发展。我不得不说话了：

> 我非常遗憾地听次官说：我们的空军军力只不过名列第五，并且十年计划又被拖延到下一年实行。他们宣称本年内空军没有成立过一个新单位，并以自豪的口吻宣布这一消息，对此我深感忧虑。随着局势发展，他们的想法变得越来越荒谬，而我们应该接受的忠告是要将更多的精力集中在空防建设上。

*　　*　　*

在所谓联合政府的统治下，英国公众舆论越来越倾向于放松对德国的戒备。1931 年 7 月 21 日，法国在一份备忘录中指出，根据《凡尔赛和约》的规定，只有在德国单方面解除武装后，各国再随后实行普遍性裁军，这是个一般性的保证，并没有构成条约义务，更谈不上是不管任何时机任何形势都必须要执行的强制性义务。然而 1932 年，当出席裁军会议的德国代表团在裁军会议上直截了当地发言说，要求取消对他们重整军备的一切限制时，竟然得到了英国报界的大力支持。《泰晤士报》称之为"对不平等待遇的及时补救"，《新政治家》报则将此举誉为"对各国平等原则的无条件承认"。这意味着七千万德国人理应被准许重新武装，准备再次打响战争，而在刚结束的这场战争中深受其害、苦苦挣扎的战胜国，却没有资格提出任何反对意见。这就是战败国与战胜国之间地位的平等，三千九百万法国人和人口近乎两倍的七千万德国人之间的平等！竟是这样的平等！

有了英国政府撑腰，德国变得有恃无恐，他们认定英国的这种态度有其根深蒂固的软弱性和劣根性，是民主和议会制对北欧民族影响下的产物。以希特勒民族运动为后盾，德国人走上了一条更为傲慢的路。7月，德国的代表团收拾好公文包，退出了裁军会议。于是用好话来劝他们回到会议桌上来，就成了战胜国的首要政治目标。11月，在英国持续的强大压力下，法国出台了一份名不副实的"赫里欧计划"。计划的中心内容是要重建整个欧洲的防御力量，将其改编为短期服役，并精简人数，承认各国的平等地位，但不要求实力平等。结果是，既然承认了各国地位平等，则无论在原则上还是事实上，实力也必须平等。协约国政府因此向德国做出了保证："作为同一体系下的平等权利，这个体系可为所有国家提供安全保障。"面对这个令人怀疑的保障条款，法国极不情愿，但还是接受了这项毫无意义的提议。这样，德国才同意回到裁军会议的谈判桌上来，而这件事竟然被鼓吹为是和平历史上的辉煌胜利。

1933年3月16日，受舆论风向的蛊惑，英国政府提出了"麦克唐纳计划"，很明显，发起和鼓动推行的人就是麦克唐纳。这个计划接受了法国提出的短期兵役制概念（当时规定服役期为八个月），并为每一个国家的军队规定了确切人数：法国陆军在和平时期的军队编制应由平时编制的五十万人裁减为二十万人，德国军队则应增加到与比相等的规模。德国此时的军事力量，虽然还缺乏大量受过训练的后备军队，因为这只能通过每年定量招收入伍人员才能达到，但也许已有总数超过一百万的半武装的志愿兵，他们当中有些人已配有武器装备，其中不乏许多最新式的武器装备，大多来自改装过的或部分改装过的武器工厂。

一战结束时，法国和英国一样持有大量的重炮，德军的大炮则已按照协议炸成了碎片。为了弥补这一"明显"的不公平，麦克唐纳先生提出要将所有可移动大炮的口径限制在一百零五毫米，或者四点二英寸；现存的大炮口径如果是在六英寸以内，暂时可以保留，但之后都要用四点二英寸口径的大炮取而代之。英国的要求和法国的不同，1935 年新的海军会议召开之前，英国只需要维持合约中对德国海军军备的限制，就能取得安全保障。在协定规定的期限内，德国不允许拥有军用飞机，但三个协约国的空军也必须将各国的飞机数量裁减为五百架。

面对这种削弱法国军事力量的做法，我感到非常不满。1933 年 3 月 23 日，我在议会发表讲话：

现在强迫法国接受这个计划的做法是否明智，我对此深感怀疑。我认为法国不会接受这个计划，它们一定会密切关注德国事态的发展，以及邻国的态度。我敢说，在这令人担忧的几个月里，许多人都在说着我这几年一直在说的话："谢天谢地，幸好我们有法国军队！"当我们得知德国的近况，当我们怀着惊讶悲痛之情看着因残忍凶狠的好战之心而引发的骚乱暴动，看着被冷酷虐待的少数派，看着文明社会最基本的保障被抛弃，看着仅仅因为种族背景就遭到迫害的一大批人——当我们看着在这个世界上最天赋异禀、最博学多识、科学最发达、最强大的国家中所发生的这一切，我们不禁感到庆幸，庆幸这一切暴怒之火的宣泄还只是自我宣泄，没有殃及其他国家。我认为，在此关键时刻，提出让法国裁军一半，而德国军队增加一倍，并且，法国空军必须削减一半，德国空军则保持现状的这个提议，在法国政府看来，至少是现在看来，多少是有些过分了。计划中，法国所能保留的军备和飞机数量只能和意大利相等，而对于德国的空军力量，则完全没有考虑给予限制。

到了 4 月，我再次申明：

德国要求武器平等，陆军海军编制平等，有人说"这样一个大国，不能一直低人一等，别国有的，他们也必须有"。这般言论，我实在不敢苟同。这是最危险的要求。生命中没有任何东西是永恒的，但是可以确定的是，只要德国获得了和邻国完全平等的军事实力，只要德国的愤恨和不满仍旧存在，还怀着我们不幸见识过的那种怒火，那么，亲眼看见整个欧洲大陆再次卷入战争就指日可待了。

一战过后曾有这样一种说法：德国将成为一个民主议会制国家，这一转变将会使我们享有安全的保障。但所有这些话现在都已是空话，有的只是最冷漠残酷的独裁，有的只是呼之欲出的军国主义和崇尚各种形式的好战精神；高等院校重新引入决斗制度，教育部建议小学使用棍棒式教学；有的只是这些好勇斗狠的现象，还有许多议员都谈过的对犹太人的迫害。

我先暂且不谈德国，来说说法国。法国不仅是欧洲唯一尚存的伟大的民主制国家，同时还拥有一支最强大的军事力量，我很高兴地说，法国是许多国家及政治体系的领头羊。从比利时绕到南斯拉夫和罗马尼亚，这一整个月牙状地区的各个小国都依赖法国的保卫，他们视法国为保护神和救世主。如果英国和其他国家采取任何可能削弱法国外交或军事安全的措施，这些小国们一定会大为震惊和愤怒，害怕保护他们的中坚力量被削弱，导致他们不得不卑躬屈膝俯首听命于那个日耳曼霸权。

既然大家认为这些都是无可争辩的事实，然而一个由令人尊敬的先生们组成的负责政府竟然会采取这样的行动，而舆论界也竟然会这样一边倒地支持，实在是令人匪夷所思，就像被一床厚厚的羽绒闷得透不过气来一样。当我在下议院说"幸好有法国军队"时，所有写在议员们脸上的那种痛苦和反感至今令我记忆犹新。所有的话在事实面前都显得苍白无力。

但是法国顽强地坚持，一定要在四年后再销毁他们的重武器，英国政府接受了这一修正，但条件是法国必须同意立刻签署销毁他们的大炮的文件。法国同意，约翰·西蒙爵士于 1933 年 10 月 12 日参加了裁军会议，会上他先抱怨了一通前几周德国态度的反复无常，然后提出了建议草案，但结果却令人始料未及。希特勒已成为德国总理并掌握了实权，他认为自己如今大权在手地位稳固，于是发布了一系列命令，要求全国范围内的军事训练和军备制造都无须顾忌，大胆向前。他甚至懒得理会法国唐吉诃德式的不切实际的建议，命令德国政府直接退出裁军会议和国际联盟。这就是麦克唐纳计划的最终命运。

*　　*　　*

很难找到像英国政府一样愚蠢和像法国政府一样软弱的政府了，但在这个灾难时期，他们的意见的确可以代表两国议会。美国在这段历史中也难辞其咎，他们只关心自己的事务，本着置身事外的立场，仅专注与本国利益相关的活动和事件。对于这场欧洲巨变，他们认为事不关己，因此袖手旁观。虽然美国官方人士中也有不少明察秋毫、训练有素的有识之士，他们也意识到了问题的所在，但美国政府毫无远见地选择了漠视欧洲形势，在这个政策背景下，他们自然不愿出来扭转局势。如果美国当时能站出来主持公道，那么就会影响和激发英、法政客们行动起来。国际联盟虽自成立以来就屡遭挫折，但仍旧是一个受人尊敬的组织，这个组织就可以添上国际法的羽翼，联合制裁希特勒试图发起的新战争。在此危急存亡之时，美国耸肩看戏的态度，只会导致几年后他们不得不牺牲自己无数的鲜血和大量的财富，以求自保和免于灭亡。

七年后在图尔，我亲眼看见了法国的苦难，当时所有这些想法再一次出现在我的脑海中，这就是为什么即使在他们提出要单独和解时，我也只说一些安慰鼓励的话。所幸这些安慰鼓励已经付诸行动了。

*　　*　　*

1931 年初，我安排了一次去美国的旅行，其间打算做一些演讲。然而在纽约，我遇到了一次严重的意外事故，差点把命送掉。12 月 13 日，我去拜访伯纳德·巴鲁克先生，车子停稳后，我错误地在靠马路的一边下了车，当穿过第五街时，由于完全没有意识到美国行车靠右的规则和欧洲刚好相反，也没有注意到红灯信号，因为当时在英国还没有使用红绿灯，结果被汽车猛地撞倒了。我两个月都不能动，很虚弱。后来在巴哈马群岛的拿骚养病，我才逐渐恢复，慢慢可以下地行走。就是在这样的身体状况之下，我的足迹遍布整个美国，我做了四十次演讲，白天在火车上睡觉，晚上向人数众多的听众演讲。总之，我认为这是我一生中所经历过的最辛苦的时期。这一年，我的身体相当衰弱，但是，慢慢地我的体力还是恢复了。与此同时，在我们的国家，生活却是在无声无息地走下坡路。

在威斯敏斯特议会上，鲍德温先生采纳并支持了麦克唐纳先生有关《印度法案》的主要原则，并由新上任的印度事务大臣塞缪尔·霍尔爵士将法案提交下议院。西蒙委员会的报告，则完全被遗忘在侧，没有得到在议会辩论的机会。因此，我和其他约七十位保守党人一起，成立了一个名为"印度保卫同盟"的组织，在之后四年间，如果政府的印度政策超出西蒙委员会的建议，我们的"印度保卫同盟"就予以反对。我们把问题提到党的会议上，据理力争。我们的这个举动引起了广泛的注意和相当大的支持，尽管偶尔票数比较接近，甚至还经常处于少数。在野的工党在印度问题上就像在裁军问题上一样，在议会中投票赞成政府，因此，印度问题也成了执政党和在野党领袖们之间联合的桥梁，他们的追随者占了绝大多数，联合反对我们的"印度保卫同盟"，把我们斥为"冥顽不化派"。希特勒的崛起，纳粹党成了德国的主要统治力量，德国武装力量迅猛发展，这一切都使我与政府以及各党派之间的分歧进一步加深。

1931—1935 年这几年，除了经常为大局操心外，我的个人生活还是非常愉快的。我以口述文章来维持生活，这些文章不仅发表在英、美两国的报纸上，在希特勒尚未给全欧洲蒙上阴影前，还刊登在十六家欧洲各国的报纸上。事实上，我的生活确是既动嘴又动手。《马尔巴罗传》一书的各卷，都是在这个时期陆续完成的，同时，我还一直在考虑欧洲的局势和德国重整军备的问题。大部分时间，我都住在恰特韦尔庄园，过着惬意的生活。庄园里的两座小屋和宽阔的菜园围墙，大多是我亲手砌成的。此外，我还修筑了各种各样的假山、喷泉和一个大游泳池，这个泳池可以过滤使水变清，还可在阳光不足时把水加热。因此，从早到晚，我既忙碌而又充实，同家人一起过着平静的生活。

　　这几年里，我常与牛津大学实验哲学教授林德曼会面，他是我的老朋友，我们在第一次世界大战结束时相识，在战时他以进行过许多空中试验而著称，这些试验本该由天不怕地不怕的驾驶员来进行的，目的是解决当时由于"螺旋下降"产生的致命危险。1932 年开始，我们的接触更为频繁，他常常从牛津开汽车到恰特韦尔与我相聚。在那里我们多次谈到可能悄然逼近的危机，经常一聊就到深夜。林德曼"教授"，他的朋友们称他为"教授"，后来成为有关现代战争科学方面，特别是空防以及数据统计问题上，我的主要顾问。我们在整个战争时期，一直保持着这种愉快和有益的友谊。

　　我的另一挚友是德斯蒙德·莫顿。1917 年陆军元帅黑格挑选了一些刚从战场回来的年轻军官，充实自己的幕僚，当时德斯蒙德作为炮兵的优秀人才被推荐给了他。德斯蒙德曾在最激烈的春季战斗中，指挥法国阿拉斯前线的炮兵，获得了军事十字勋章，但这还不是他最特别的荣誉，在一次战斗中子弹穿过他的心脏，并残留在他身体里，但德斯蒙德依旧活得很好。1917 年 7 月，我任军需大臣，常以总司令客人的身份访问前线，那时德斯蒙德是总司令的亲信副官，常奉命与我同行，一同参观许多战线。无论是在有些危险的行程中，还是在总司令的办公室里，我对这位卓越而又勇敢的军官的尊敬都是由心而生，我们建立了深厚的友谊。1919年，在担任陆军和空军大臣时，我马上委派他在情报处担任要职，他一直干了好些年。同时他也是我的邻居，他的住处距恰特韦尔只有一英里的距离。德斯蒙德得到麦克唐纳首相的允许，可以和我自由交谈，这使我了解了许多事情。自那时起直到战争胜利结束，他一直是我最亲近的顾问之一。

我和拉尔弗·威格拉姆也建立了友谊，他当时是外交部一颗冉冉升起的新星，是外交事务办公室的中心人物。他在部里有很高的地位，已经升到了能对政策发表意见的地位，并有权自由处理正式的和非正式的各种接触。他非常有魅力，是个无所畏惧的人。他的信念是建立在深奥的学识之上，这成了他生活的主导力量。威格拉姆同我一样清楚地意识到恐怖的险境正向我们压来，但他有比我更为确切的情报。我们之间的共识拉近了我们彼此的距离。我们常在他位于北街的小房子里相聚，他和他的夫人也常去我在恰特韦尔的家。和其他高级官员一样，他满怀充分的信任同我谈话。和他的谈话促成和加强了我对希特勒运动的看法。当时我与德法以及其他国家都有所联系，使我能够给他一定数量的情报，并且共同研究。

1933年后，威格拉姆对英国政府施行的政策和事态的发展深感焦虑和痛苦。虽然他的能力越来越受到上司器重，在外交部也越来越有影响，但他还是几度想辞职。他的谈话非常有力量且又得体，凡是和他有过业务合作的人，以及接触过的人，都越来越重视他的看法。

*　　　*　　　*

这些年，我一直能够在这个小圈子里与大家进行坦诚而深刻的讨论。对于我，对于国家，我认为都具有重要的价值，同时我也收集和提供了大量国外情报，因为我和法国几个部长以及法国政府历届元首都有密切的联系。伊恩·科尔文，那位《晨报》著名作家的儿子，是《新闻纪事报》驻柏林的记者。他深刻挖掘和研究了德国的政治，同德国几位重要将军和一些具有高尚人格和品质的人，建立起了极为秘密的联系。他们看出了希特勒的图谋不轨将会把国家推向深渊，有几位重要的德国人从德国赶来找我，向我倾诉他们内心的苦水，这些人大多在战争时期被希特勒处决了。我也从其他方面查证和得到了关于我们整个空防局势的资料。这样，和其他许多内阁大臣一样，我对情况就可以了如指掌了。我从各方收集来的材料，尤其是从与国外得到的资料，我都会随时向政府汇报。我与各位大臣、许多高级官员的私交也非常密切，而且无所拘束。我经常批评他们，但保持着同志般的革命情谊。从下面的叙述可以得知，正是他们，让我之后知道了许多极其机密的消息。我长期担任政府高级职务，也知道一些国家绝密资料。通过这些，我可以不看报纸就能确定和坚持我的见解，虽然明眼人从报纸上也可看出端倪。

＊　　　＊　　　＊

在威斯敏斯特议会上，我又继续提出有关印度和德国这两个主题的意见。我经常在议会发表具有警告性质的演说。这些演说虽然引起了注意，却没有唤醒那些拥挤在一起的两院听众们采取实际行动。关于德国构成威胁的问题，同对印度问题的做法一样，我在议会中找到一群朋友合作，不过成员组成与"印度保卫同盟"有所不同，有奥斯汀·张伯伦爵士、罗伯特·霍恩爵士、爱德华·格里格爵士、温特顿勋爵、布雷肯先生、克罗夫特爵士，以及其他几个人。我们常常定期聚会，在很大程度上，就是将我们收集的情报汇总在一起。各大臣们对这样一个具有影响力且并非不友好的团队都比较重视，毕竟组成人员是他们自己的拥护者、曾经的同事或者上司。我们随时能引起议会注意并发起大规模的辩论。

＊　　　＊　　　＊

请读者原谅，让我心情愉快地讲述一件发生在我个人身上的题外事。

1932 年夏天，为了写《马尔巴罗传》，我走访了马尔巴罗曾战斗过的古战场，地点在荷兰和德国。我们全家连同"教授"一同出行，沿着 1705 年马尔巴罗从尼德兰到多瑙河的著名行军路线进行了一次愉快的旅行。我们在科布伦茨渡过莱茵河，来到对岸。一路走来，我们经过了许多美丽的地方，一个又一个古代名城，这个时候，我总是自然而然地去询问有关希特勒运动的事情，我发现这也是德国人心目中最主要的事情，我感受到了一股弥漫在德国每一个角落的希特勒的氛围。在布伦海姆的田野走了一天后，我开车前往慕尼黑，在那儿待了大约一星期。

在里吉纳酒店，一个不速之客拜访了我们当中的一些人。他介绍自己是汉夫施腾格尔先生，跟我们聊了很多关于"德国领袖"的事情，看上去他和领袖的关系很密切。他是个精神饱满又非常健谈的人，讲着流利的英语，我邀请他共进晚餐。餐桌上，他兴致勃勃地给我们讲着希特勒的活动和见解，像入了迷一样。他很有可能是受人之托来接近我的，明显是要讨好我。吃完饭后，他走到钢琴旁，一边弹琴，一边唱歌，弹唱了许多首曲子，果然别具一格，使我们大家都得到了十分快乐的享受。他似乎知道我所喜欢的所有英国歌曲，极会应酬，当时我们也知道他是希特勒面前的红人。他提出我应该见见希特勒，而且安排起来非常方便，希特勒先生每天五点钟左右会到这家酒店，他肯定很高兴和我见面。

当时我对希特勒并没有任何民族偏见。他的理论和著作我只是多少有些了解，对于他这个人，则知之甚少。一个在国家战败时奋起努力的人，我是佩服的，即使我是他的对立面。他想要成为一个热爱德国的德国人，自然是他的自由和权利。我一直主张英德法和睦相处。在和汉夫施腾格尔聊天时，我随口说道："你们的领袖为什么对犹太人这样残暴？仇恨那些干过坏事或损害国家利益的犹太人，我是完全能够理解的；如果他们想在各个领域实行垄断，而对他们加以制裁，这我也能理解。但仅仅是因为一个人的犹太血统而对他加以迫害，这是为什么呢？谁能决定自己的出生呢？"这位先生一定是把我的话转告给了希特勒。第二天中午，他面带严肃地到了我这儿告诉我说，原本说好与希特勒会面的事情已无法实现了，因为希特勒那天不能来酒店。这是我最后一次见到"普齐"（他的爱称），尽管我在那家酒店又住了几天。就这样，希特勒错失了和我见面的唯一机会。后来他大权在握，曾几次邀请我，但到那时，情况已发生了很大的变化，我都借口推辞了。

*　　*　　*

在这段时期，美国仍旧一心关注处理急剧变化的国内事务和经济问题。欧洲大陆和遥远的日本关注着德国军事的崛起。斯堪的纳维亚国家、"小协约国"和一些巴尔干国家对此也越来越恐慌不安。法国得到了有关希特勒运动和德国备战的大批资料，更是深为焦虑。我得到消息，法国对德国严重破坏和约的情况有详细记录在案，然而我不理解为何法国不向国际联盟提出要求，传令德国前来做出解释，老老实实地说明它到底在干什么。他们回答我说，英国政府绝对不会赞成这个惊人之举。于是，一方面，麦克唐纳在鲍德温的大力支持下劝说法国裁军，而英国更是以身作则，身体力行；另一方面，德国的军事实力在飞速增长，他们公然采取行动的时刻越来越近了。

我认为有必要为保守党说几句辩护的话。自1932年以来，在每一次保守党全国代表大会上，劳埃德勋爵和克罗夫特爵士等有声望的人都会提出这个议案——要求马上加强军备以对抗国外日渐严重的危机，每次都几乎全票通过。只是此时，下议院执政党的领袖完全控制了议会，政府的三个政党和在野的工党都是那么愚钝不堪，对此视而不见。甚至国内支持者的警示，时局的各种迹象，情报机构得到的各种证据，都无法引起他们的重视。在这个历史阶段，不幸接踵而至，一向高贵的英国民族似乎从云端跌落，理智和目标丧失殆尽。对外来危险懦弱不敢应对，在人为刀俎我为鱼肉之时，还在谈一切没有意义的陈词滥调。

在这个黑暗的时期，最卑微的情感都能得到各个政党领袖们的接受或纵容。在 1933 年，牛津大学学生会的学生，在一位乔德先生的鼓动之下，通过了一项羞愧万年的决议："拒绝为国王和祖国而战。"这在英国国内而言，不过是茶余饭后的笑料，但在德国、苏联、意大利和日本，英国世风日下、萎靡不振的看法已成定论，并影响了他们的一些决策。那些通过了"拒绝为国王和祖国而战"决议的傻孩子们怎么都不会想到，他们注定要卷入接下来的这场战争中去，要么凯旋，要么光荣牺牲，他们必须要在战争中证明，他们是迄今为止英国最优秀的一代人；而他们的长辈们连在战场上弥补错误的机会都没有了①。

*　　*　　*

1933 年 11 月，我们在下议院又有一场辩论。我回到了我的主要论题：

> 我们读到了关于德国的各种消息，首先是超乎寻常的大量输入废铁、镍和军用金属；其次，这个国家举国盛行军国主义精神；还有，这个国家正在向青年灌输一种血腥杀戮的哲学，这是自离开野蛮时代进入文明后前所未有的。看到这些蠢蠢欲动的力量，我们别忘了，这是强大的德国，曾经与整个世界为敌并几乎摧毁了整个世界的德国，这是用一个人的生命换取对方两个半人生命的德国②。如果你知道他们在

---

① 我忍不住要讲一个故事。牛津大学俱乐部的牛津大学保守党协会请我过去演讲。我拒绝了，但回复说可以给他们一个小时向我提问。其中一个问题是"你觉得德国发动上次世界大战有罪吗？"我说："当然。"有一位获得罗德斯奖学金的留学英国的德国青年站起来说："这是对我的国家的侮辱，我不能再留在这里了。"随后，他在一片喝彩声中走了出去。我认为他是一个有志气的男孩。两年后，德国发现这位年轻人的祖先中有一位犹太人，他在德国的前途也就此断送了。

② 苏联的损失还不包括在内。

做这些准备，在灌输这些理论和公开施行这些主张，就可以理解德国周围的邻国为何感到如此的惊慌失措了。

＊　　　＊　　　＊

当欧洲战胜国与战败国的军事实力发生可怕的转变时，在远东地区也出现了侵略者和爱好和平的国家之间完全失去协调的现象。远东事务就是欧洲事态恶化的翻版，事情发生的原因都在于协约国和之后的同盟国领袖们在思想上和行动上的麻木迟钝。

1929—1931年爆发的经济风暴，对日本造成了很大的影响，其力度不亚于对世界其他国家造成的影响。自1914年以来，日本人口从五千万增加到七千万，冶金工厂由五十家增加到一百四十八家，但物价也在不断上涨，稻米的生产萎靡不振，而进口粮食又非常昂贵。对原材料的需求和对国外市场的需求日益迫切。在经济萧条最严重的时期，英国和其他四十个国家迫切感到必须采取限制政策或关税政策来抵制日货，理由是其生产标准和生产条件与英美的不同。中国不仅是日本棉织品和其他工业制品的主要输出市场，而且几乎是日本取得煤和铁的唯一的来源。因此，重新确保对中国的控制成了日本政策的主要目标。

1931年9月，日本以一次地方性冲突为借口，占领了奉天（即现在的沈阳）以及南满铁路沿线。1932年1月，日本要求中国解散所有反日团体，被中国政府拒绝后，日本于1月28日在上海国际租界北部登陆。中国人民进行了英勇抵抗，虽然缺少飞机、反坦克炮等现代装备，但仍然奋力坚持抵抗了一个多月。2月底，在遭受了惨重的损失后，中国军队不得不撤出吴淞口炮台，退至内陆十二英里处。1932年初，日本成立了伪满政府。一年后，中国的热河省沦陷。1933年3月，日军长驱直入，深入到没有设防的地区，直达长城。这种侵略行动显示出日本远东势力的增长，展示了它已在海洋方面取得了全新的地位。

日本对华的暴行，从第一枪开始就引起了美国最强烈的反对，但孤立主义使其采取了坐山观虎斗的外交政策。如果当时美国加入了国际联盟，那么美国一定会带领国际联盟反对日本，并成为国际联盟的主要委托国。在英国方面，英国政府不愿和美国联合行动，也不希望卷入反对日本的事件之中，毕竟这是国际联盟宪章义务规定之外的事。英日同盟的结束，对英国在远东的地位以及长久以来的权益造成了损害，这使部分英国人士深感不满。英国政府当时正为严重的财政问题和紧迫的欧洲局势而不知所措，美国并未在欧洲事务方面给予英国政府相应的支持，在这种情况下，英国政府不愿在远东问题上站在美国一方也是情有可原的。

　　1931 年 9 月 30 日，国际联盟命令日本从满洲撤军，并于 12 月指派了调查团赴中国调查。李顿勋爵被任命为该调查团主席，他出身名门世家，曾担任过孟加拉省长和印度代理总督，对东方事务有多年经验。调查团最后得出的调查报告，是一个非常重要的文件，也是研究中日冲突的基础。满洲事件的全部背景，都在报告中进行了详细陈述。报告得出的结论清楚明白："满洲国"是日本参谋部谋划的产物，是一个傀儡国家，并非根据人民的意愿而成立。李顿勋爵以及他的同僚在报告中不仅分析了当时的形势，并且提出了解决该问题的具体建议：宣布满洲地区自治，满洲仍是中国的领土，受国际联盟的保护，中日在满洲地区的利益则应签订一份综合全面的条约予以协调。尽管国际联盟并未采纳此建议，但李顿勋爵的报告仍具有很高的价值。当时的美国国务卿史汀生对这个报告做出如下评论："这份报告极为公正，已成为报告所涉问题的权威文件，并且直至今日仍旧如此。"1933 年 2 月，国际联盟宣布不承认"满洲国"，但没有对日本进行制裁或采取任何其他行动，然而日本却于 1933 年 3 月 27 日退出了国际联盟。德国和日本在上次大战中相互对立，而这次却以与此前完全不同的态度结成了联盟。此时的世界非常需要一个像国际联盟这样的机构发挥积极作用，但国际联盟却只是个空架子，没有任何实质性的内涵。

*　　*　　*

我们必须意识到，此时此刻，在这个生死攸关的关键时期，不仅是主要由保守党执政的英国联合政府，而且政府内外的工党或自由党人的所作所为，都应该受到历史的谴责。他们陶醉在动听的花言巧语里，不愿正视残酷的现实；一心只想获得选票，置国家根本利益于不顾；虽然发自内心地渴望和平，但却不愿付出代价，认为仅仅是内心的呼唤就能造就和平。显然，英国联合政府的两党领袖均缺乏智慧。鲍德温先生对欧洲的情况一无所知，一提到欧洲问题就感到厌烦；强烈的和平主义情绪支配着当时的工党，使他们不愿付出任何代价；自由党人又热衷于不切实际的想法；昔日战时的伟大领袖劳合·乔治不能继续为国效力；而这一切却得到了两院压倒性票数的支持：英国呈现出一派消极昏沉的景象，虽然没有诡计，但难辞其咎；虽然并无邪恶与不道德，但对世界陷入绝望的境地起到了决定性作用，就其程度而言，在人类历史长河中真可谓是绝无仅有。

第六章

SIX

阴 云 渐 浓

德国进行血腥大清洗——陶尔斐斯遇害——兴登堡之死——希特勒成为德国元首——意大利进退维谷——亚历山大国王和巴尔图在马赛被刺——赖伐尔出任法国外交部部长——法意协定——意大利与埃塞俄比亚在瓦尔·瓦尔地区发生冲突——萨尔的公民投票

1933 年，希特勒出任德国总理，但是，罗马人民并不欢迎他，在他们眼里，纳粹法西斯粗鲁野蛮、惨无人道。希特勒企图侵占奥地利和欧洲东南部的心思早已路人皆知。墨索里尼预言意大利和德国在这两个地区的利益不一致。很快，他的预言就得到了证实。

*　　　*　　　*

希特勒的一大野心就是占领奥地利。在其《我的奋斗》一书的首页，希特勒写道：日耳曼的奥地利必须回到伟大的日耳曼祖国的怀抱。所以，纳粹党自 1933 年 1 月上台执政后就将目光盯准了维也纳。墨索里尼此时也在大肆宣扬其在奥地利的主导地位，但德国由于军事力量薄弱，当时还无力与墨索里尼抗衡，因此就连渗透活动和地下行动也不得不小心翼翼地进行。然而，在希特勒上台不久，德国就开始对奥地利政府施压，不断要求奥政府把效忠于德国的纳粹党员编进内阁，或让他们担任政府机关的要职。这些奥地利纳粹分子曾在巴伐利亚的奥地利兵团受过训练。他们在铁路沿线和旅行游览中心乱扔炸弹，德国飞机在萨尔茨堡和因斯布鲁克地区空投大量传单，因而严重扰乱了当地人民的正常生活。奥地利总理陶尔斐斯一方面面临着国内社会党的压力，另一方面又受到企图破坏奥地利独立的德国的干扰，而这些威胁还只是冰山一角。奥地利社会党人效仿邪恶的德国，建立了一支私人部队，借此推翻公民选举的决定。这一年，陶尔斐斯面临着内忧外患，而他唯一可以求助并可得到支持的只有法西斯的意大利。1933年8月，陶尔斐斯在里西奥尼与墨索里尼会面，双方就私人关系和政治问题进行了深入探讨，达成深切的谅解。陶尔斐斯相信意大利会保持不干涉态度，因此认为自己有足够的底气去收拾对手——奥地利社会党人。

1934年1月，墨索里尼的首席外交顾问苏维契到访维也纳，借此警告德国，并于21日发表了公开声明，如下：

> 众所周知，奥地利位于多瑙河盆地，地处欧洲中心，其地理位置的重要性远远超过其土地面积和人口的重要性。要完成悠久历史和地理位置赋予这片土地的神圣使命，就必须首先确保民族独立和国家安宁。这正是意大利长期以来对待政治和经济问题的一贯立场。

三周后，陶尔斐斯政府开始采取措施打击维也纳的社会党组织。他下令费伊少校领导"保安团"去打压实力较强并隶属于社会党的非法组织，并解除他们的武装。这些团体奋起反抗，2月12日双方在首都爆发巷战。几小时之后，社会党溃败。这一事件不仅让陶尔斐斯更加亲近意大利，还让他在下一阶段抵抗纳粹渗透的阴谋时更加坚定。此外，很多失败的社会党人随即在痛苦中转投纳粹阵营。和德国一样，奥地利的天主教和社会党的不和反而壮大了纳粹的力量。

*　　　*　　　*

直到1934年夏天，英王陛下政府仍掌控着局势，完全可以避免战争的发生，因为英国可以随时和法国联手，通过国际联盟向希特勒运动施加强大的压力，而且在德国内部，希特勒运动也存在很大争议。如果我们抓住这个机会，这本是一场不流血的战争，但现在为时已晚。在纳粹统治下武装起来的德国正在日益逼近，而且，更意想不到的是，在如此紧要的关头，麦克唐纳还要借用鲍德温的权势，企图继续劝说法国裁军。以下是我于2月7日在议会上的抗议声明，虽徒劳无效，仍将其引用如下：

比方说，如果我们让法国裁军，使其军队数量跟德国持平，为德国争取到了所谓的"公平待遇"，欧洲必然会对这一变动做出强烈反应。继而，德国又会得寸进尺地要求说："泱泱德国有七千万人口，理应拥有和海上霸主（英国）同等的海军实力，你们怎能剥夺我们这种权利呢？"那时你们会说："不，我们不同意你们这么做。陆军，那是别国的事。海军，这个问题将直接影响到英国的利益。我们必须要说'不'。"但是，到那时我们再说"不"还能站得住脚吗？

战争的爆发往往来得很突然。我曾经历过一段对未来一无所知又充满期待的日子，心中满怀焦虑和不安，正如现在这样。战争说来就来，有如雷霆万钧，迅速而猛烈。我要提醒下议院回想一下1914年所发生的事情。那时德法之间并无争端。一个7月的下午，德国大使驱车前往法国外交部，对法国总理说："我们将被迫发动对俄战争，即刻就会宣战。法国将采取什么立场呢？"法国总理回答说，他的内阁一致同意法国应根据自己的利益采取行动。德国大使说："你们跟俄国有盟约，是吗？""是的。"法国总理答道。就这样，在几分钟之内，由于两个西方大国的加入，本就严重的东方战场局势变得更加危急。但有时甚至宣布中立也无济于事，正如我们现在所知，在上述的那次会谈中，德国政府宣称：如果法国不履行对俄国的义务，不愿卷入这场德国决定要进行的战争，德国政府将授权其大使，让已宣布中立的法国交出图尔要塞和凡尔登，由德国军队接管，以防法国日后出尔反尔……

要不是在座各位处在相对安全的环境中，我们也可能会在有生之年接见前来拜访的某个大使，还得回答大使提出的问题，而一旦大使对答案不满意，那么，几小时之内炸弹将在伦敦爆炸，大片房屋将被夷为平地，硝烟四起，向我们指出我们长期以来听之任之的防空漏洞。我们从未像今天这样脆弱不堪。在战前，我常听到对自由党政府的批评。如果现在的事态发展不尽如人意，并给国家带来了灾难，现在的当权者就应该遭到更为严厉的谴责。

但我们从不吃一堑长一智，这导致我们的状况愈加糟糕。过去我们拥有海军，且不存在空中威胁，那时的海军曾是英国的"可靠盾牌"，而现在却不能这么说了。因为这个该诅咒的十恶不赦的空战，它的出现和发展已彻底改变了我们的处境。我们已经不是二十年前的那个岛国了。

于是，我立即要求做出三项明确决策，并要求立刻执行，不容拖延。其一，在陆军方面，英国要像欧洲其他国家那样对民用工厂进行改建，以便使其能够迅速转为军事生产之用。其二，海军方面，我们应重新获得设计自由，废止《伦敦条约》，因为这个条约不仅阻碍我们建造自己所需的舰艇，还阻碍了美国一艘巨型战列舰的建造，而对美国的这一需要，我们绝无理由反对。伦敦条约国之一（日本）也已重获设计造舰的自由，这对我们重获设计自由有很大的帮助。其三，空军方面，我们应当建设一支能够与法国或德国两者中实力较强的空军力量相抗衡的军队。政府成员在立法机构的上下两院都占有绝对的多数席位，因此将不会有任何立法议案遭到拒绝。他们只需带着坚定的信心和信念去拟定计划、保家卫国，那么全国人民定会支持他们。

*　　*　　*

就在此时，出现了欧洲各国团结一致对抗德国威胁的一线曙光。1934 年 2 月 17 日，英、法、意三国就维护奥地利独立问题做出了联合声明。同年 3 月 14 日，我再次在下议院演讲中说道：

> 目前，我们外交政策上存在的最可怕的危险，就是我们不断地要求法国削弱实力。我们又是怎样去劝说他们这么做的呢？我们说"削弱你们的实力吧"，同时又不断地给予他们希望，如果在削弱实力后遇上了麻烦，我们会想办法援助他们，然而我们自己也是两手空空，爱莫能助，因此我无法想象比这更危险的政策了。主张孤立政策有一定的道理，主张联盟政策也有理有据，但是设法削弱一个即将与之订立盟约的大陆国家的实力，继而又为了使大陆各国趋于和解而使自己深陷于它们的纠葛之中，这就无理可循了。到头来只会是两边不讨好，沦为处境最糟的一个。
>
> 罗马人有句谚语说："削短你的武器，延长你的边界。"而我们的格言则似乎是："削弱你的武器，增加你的责任。"是啊，连盟友的武器也得削弱呢！

*　　*　　*

意大利现在正在为践行上述的罗马箴言做着最后的努力。3 月 17 日，意大利、匈牙利以及奥地利共同签署了所谓的《罗马议定书》，规定三国中任何一方在遇到外来威胁时都应采取相互协商的办法解决。然而，希特勒的势力正逐步壮大，而且 5 至 6 月间，奥地利境内发生的颠覆活动呈上升趋势。陶尔斐斯把这些恐怖事件写成了一个报告，送交苏维奇，另外还附了留言，对这些事件给奥地利的贸易和旅游业带来的打击深表遗憾。

正是带着这份协定书，墨索里尼于 6 月 14 日来到威尼斯和希特勒进行了第一次会晤。这位德国总理身着棕色橡皮雨衣，头戴汉堡式帽子，从飞机上走下来，进入一队穿着闪耀的法西斯制服的行列中，而率领这个队伍的就是容光焕发、身体肥胖的墨索里尼。当墨索里尼看见他的客人时，他低声对助手说了句："我不喜欢他那个样子。"在这次奇特的会晤中，除了对德意两国独裁制度的优势相互赞扬一番外，双方只是一般性地交换了一些意见。墨索里尼对他那位客人的性格和语言，显然感到莫名其妙，他把对希特勒的最后印象总结为几个字："一个喋喋不休的修道士。"但不管怎样，墨索里尼确实取得了德国方面有关减轻对陶尔斐斯的压力的若干保证。会后，齐亚诺告诉记者说："你们看着吧，事情也就到此为止了。"

会议之后，德国的活动有所收敛，但并不是因为墨索里尼的呼吁，而是希特勒要专注处理国内的事务。

*　　*　　*

取得政权后，元首同拥戴他上台的许多人之间开始出现了严重的分歧。冲锋队（即褐衫军）在罗姆的领导下，越发倾向于成为纳粹党内更为革命的势力代表。组织中的一些老党员，例如热衷于社会革命的格里哥·斯特拉瑟，深恐坐上第一把交椅的希特勒会轻易被国防军（陆军）、银行家和企业家等特权阶级收买过去，因为他们认为希特勒绝不可能是第一个过河拆桥的革命领袖，前面已有这样的先例。在冲锋队的普通队员看来，1933 年 1 月的胜利，意味着他们不仅可以随心所欲地掠夺犹太人和那些发国难财的人，也可以自由地掠夺有钱人和社会上层阶级。关于领袖背叛的谣言，很快就在党内一些人中间传开了。在这种局势的推动下，总参谋长罗姆全力以赴地开始活动。1933 年 1 月，冲锋队人数已有四十万人之多，到了 1934 年春，罗姆通过招募新兵和整编队伍共召集了近三百万人。在这个新的局面中，罗姆领

导的庞大组织使希特勒深感不安。这个组织虽然向希特勒表示了无限
忠诚，而且其中大部分人也确实深深地拥戴他，但事实上冲锋队却开
始逐渐脱离了希特勒的个人控制。之前，冲锋队原本是希特勒的一支
私人军队，现在希特勒又手握国家军队。但他鱼与熊掌想兼得，并不
打算放弃任何一个，并想在必要时让二者相互牵制。因此，他现在必
须收拾罗姆。他对冲锋队的领袖们宣称："我意已决，我要将任何企图
颠覆现有秩序的势力扼杀在摇篮里，并将坚决抵制第二次革命浪潮，
因为这势必会引发混乱。只要有人胆敢挑战国家权威，不管是谁，不
管身处何职，都将受到最严厉的惩罚。"

　　尽管希特勒仍心存疑虑，但他还是无法轻易相信，那位曾在慕尼
黑政变中跟随他的同志罗姆竟会背叛他。1933 年 12 月，当宣布国家和
党统一的时候，罗姆就成了德国内阁的一员。党和国的合并，其中一
个结果是冲锋队与德国陆军的合并。国家重整军备迅速发展，使德国
武装部队的地位和统率问题成了政治上的首要问题。1934 年 2 月，艾
登先生到访柏林。在和希特勒的会谈中，希特勒同意做出承诺，称冲
锋队暂时不会用作军事用途。罗姆同陆军参谋长布伦堡将军素来摩擦
不断。此刻，罗姆唯恐他苦心经营多年的军队会被牺牲，因此，尽管
有人对他的行为的严重性提出过警告，4 月 18 日，罗姆还是发出了下
面这条十分明确的挑战：

　　　　我们所进行的革命不是"国家的革命"，而是"国家社
　　会主义的革命"。我们一定要强调"社会主义"这四个字。
　　我们的冲锋队是对抗反动势力的唯一壁垒，是革命思想的绝
　　对化身。从一开始，褐衫军的战士们就宣誓，在革命的道路
　　上决不出现一丝一毫的动摇，直到实现最终目标。

　　这一次，他省去了往常在冲锋队演讲结束时必然要说的"希特勒
万岁！"。

　　4 月和 5 月这段时间里，布伦堡一直在向希特勒抱怨冲锋队的骄

横跋扈和无礼行为。希特勒不得不在那些讨厌他的将军们和他亏欠很多的冲锋队间做出选择。他最终选择了站在将军们这边。6 月初，希特勒在和罗姆的一次长达五小时的谈话中做了最后的尝试，试图和他谈条件并说服他。但是野心勃勃的罗姆此刻已经走火入魔，根本无法被说服。希特勒主张的特权阶级统治的大德意志和罗姆所渴望的人民军队的无产阶级共和国之间隔着无法逾越的鸿沟。

在冲锋队体制中，有一小部分训练有素的精英，他们身穿黑色的制服，被称为党卫队，也就是后来的黑衫军。这个组织由海因里希·希姆莱统领，专门保护希特勒的个人安全并执行一些特殊的机密任务。海因里希·希姆莱出身于破落的家禽饲养场主之家。他预见到以希特勒为首的德国陆军和以罗姆为首的冲锋队之间即将发生冲突。于是，希姆莱想方设法带领黑衫军倒向了希特勒的阵营。罗姆在党内也有势力和影响力很大的人物支持，如格里哥·斯特拉瑟，他们眼睁睁地看着宏伟的社会革命计划被搁置一旁。德国陆军也有叛逆者，前总理施莱谢尔，他对 1933 年 1 月所受到的耻辱仍旧耿耿于怀，永远都不愿忘记军队首领没有推选他为兴登堡继承人，在希特勒和罗姆的冲突中，施莱谢尔认为机会来了，轻率地向法国驻柏林大使暗示希特勒下台的时间已为期不远。他这是在重演自己在布吕宁事件中曾扮演的角色，但这一次，情况对他来说更加危险了。

希特勒到底为什么要展开大清洗，是因为罗姆的阴谋迫在眉睫，还是因为他和将军们都害怕遭遇不测，这个问题将长期在德国备受争议。按照希特勒的利益和胜利者一方的利益，当然要肯定这是个阴谋案件。事实上，罗姆和他的冲锋队不大可能走得那么远，他们只是发动了一个具有威胁性的运动，还不是搞阴谋政变，但这两者之间的界线却是随时可以逾越的。可以这么说，当时罗姆和冲锋队正在组织力量，但之后受到了希特勒先发制人的打击。

事态发展得很快。6 月 25 日，德国陆军奉命不得离开军营，并划拨一批弹药给黑衫军（党卫队）。相反，冲锋队奉命处于戒备状态。罗姆在征得希特勒的同意后，于 6 月 30 日召集冲锋队高级将领在巴伐利亚湖的维塞开会。29 日那天，希特勒得到警告说局势十分危险，他乘机前往戈德斯贝格，并在那里会见了戈培尔。戈培尔向希特勒汇报柏林即将发生政变，这真是个惊天动地的消息。据戈培尔所说，罗姆的副官卡尔·恩斯特曾接到起义的命令。但这看起来又不大可能，因为当时恩斯特在不来梅，正准备从港口出发去蜜月旅行。

听到这一消息后，希特勒不管真假，当即做出决定。他下令让戈林主持柏林事务，自己则乘飞机前往慕尼黑，决定亲自逮捕他的主要对手。就在这个生死攸关的时刻，就像现在一样，希特勒的性情变得十分可怕。他坐在飞机副驾驶的位置，整个行程都陷入一个阴沉的思考中。6 月 30 日凌晨四点，飞机降落在慕尼黑附近的一个机场。与他同行的除戈培尔外，还有十几个他的贴身保镖，乘车直奔慕尼黑褐色大厦，召集当地冲锋队将领，并立即把他们逮捕起来。六点，希特勒仅带着戈培尔和少数护卫，乘车前往维塞。

1934 年夏，罗姆病倒，遂前去维塞接受治疗。他将主治医生的私人别墅选为反叛的据点，将这样一个地方作为指挥部来策划迫在眉睫的暴动真是再糟糕不过了。这座别墅位于一个小巷子的尽头，进出都很容易被发现。别墅内的房间很小，以至于没有地方让冲锋队的将领们开会。整栋房子只有一部电话。这一切都与罗姆即将叛变的消息不符。倘若罗姆和他的追随者们当真选择这样一个地方来策划谋反，那真是太草率了。

七点，元首的车队抵达罗姆的别墅。希特勒独自一人径直走上楼，进了罗姆的卧室，身上没有带任何武器。他们两人之间究竟发生了什么，谁也不知道。罗姆见到希特勒大为震惊，随后，罗姆和他的手下束手就擒，整个过程没有发生任何冲突。希特勒一帮人带着这些囚犯离开后，驱车前往慕尼黑，途中见到好几车全副武装的冲锋队员，这些人正准备前往维塞参加中午的会议，为罗姆捧场。希特勒从车上下来，召见了他们的指挥官，并以绝对的权威要求他带队返回，指挥官立即服从了。如果希特勒迟到一个小时，或者冲锋队早到一个小时，那么，很多事情将会是另一番局面。

一到慕尼黑，罗姆和他的手下便被关押在十年前他和希特勒一起待过的监狱里。当天下午，处决开始。他们在罗姆的监狱里放了一把手枪，但他不屑于这种方式。不一会儿，牢门打开，罗姆被打成了筛子。整个下午，慕尼黑的枪声时不时地响起。行刑队八个人一班，时不时轮换休息一下，以缓解精神压力。但每隔十分钟就能听到一排枪声，断断续续持续了好几个钟头。

　　与此同时，在首都柏林，戈林收到希特勒指示后也采取了同样的行动。但是在首都，被屠杀的人远不止冲锋队成员。在施莱谢尔家中，施莱谢尔的妻子为了保护他，二人双双遭到枪杀。斯特拉瑟被捕后遭处决。巴本的私人秘书和亲信也都遭到枪杀，但巴本本人由于外人不得而知的原因幸免于难。恩斯特被从不来梅抓了回来，在柏林的利希特费尔德军营被处决。柏林和慕尼黑一样，整天都可以听到行刑的枪声。在这二十四个小时里，整个德国有许多与罗姆事件无关的人也受到牵连，他们或是因私人报复或是因旧怨而送掉了性命。例如在慕尼黑附近的森林里发现了奥托·冯·卡尔的尸首，他曾是镇压1923年暴动的巴伐利亚政府首脑。有关此次被"清算"的总人数，各方估计不一，大约在五千到七千人之间。

　　在这个血腥的傍晚，希特勒飞回柏林。是时候结束这场大肆蔓延的杀戮了。那天晚上，有些党卫队成员因为过于狂热地枪毙犯人，也给自己招来杀身之祸，被列入枪毙的名单。7月1日凌晨一点左右，枪声停止了。随后希特勒在总理府的阳台出现，接见欢呼的柏林群众，他们当中许多人都以为希特勒也不幸遇难了，有的人说他神色憔悴，有人说他流露着胜利者的神气。希特勒也许两者兼而有之，他果断无情，以迅雷不及掩耳的行动，使他的目标得以实现，无疑也保住了他的性命。那场所谓的"长剑之夜"①，维护了国家社会主义党的团结，埋下了祸害全世界的种子。

――――――――――

　　① 长剑之夜：指德国1934年6月30日—7月2日的清算行动，纳粹政权进行了一系列政治处决，大多数死亡者为纳粹冲锋队成员，又称"蜂鸟行动""血洗冲锋队"或"罗姆政变"。——译者注

两星期后，希特勒在国会发表演讲，台下的人对他忠心爱戴、敬畏有加。在长达两个小时的演讲中，他为自己的行为辩护，说得头头是道。演讲不仅表现出他十分了解德国人的心理，也表明希特勒具有无可置疑的雄辩口才。下面内容是他演讲中最精彩的部分：

> 采取闪电行动的必要性在于，在这种决定性的时刻，我只有几个人在身边。尽管几天前我还准备宽大处理，但此刻已没有考虑的余地。叛乱总是要按照铁的法律来加以镇压，古往今来都是如此。假如有人指责我，为什么不通过正规法院对罪犯进行审判，我只能这样告诉他：此时此刻我肩负着德国人民命运的重任，因此我就是德国人民的最高裁决者。我不希望这个年轻的国家重蹈旧帝国的覆辙。我下令枪毙的那些人，都是这次叛乱的罪魁祸首。

接着就是下面一段不伦不类但还算生动的比喻：

> 我下令把毒疮烧光，只剩下鲜肉。这些毒疮污染着我们生活的井水，也污染着外面的世界。

然而，无论怎么狡辩，这场大屠杀都表明德国的新主人是多么的专横暴戾肆无忌惮，什么事情都做得出来，同样也足以表明德国与文明国家毫无共同之处。一个以恐怖行动和血腥镇压为基础的专制独裁政权在世界上出现了。他们的反犹太运动无比残暴，他们大力推行的集中营制度用来对付一切讨厌或持不同政见的阶层，这个插曲带给我内心极大的震撼。当时德国重整军备的迹象已十分明显，在我看来它带着一种冷酷无情、阴森可怕的色调，它闪烁着，发出的是刺眼的强光。

* * *

现在我们不妨把目光暂时转到下议院来。1934 年 6 月，日内瓦裁军会议的常务委员会会议无限期休会。7 月 13 日我说道：

> 我很欣慰地看到裁军会议正在成为历史。把裁军与和平混为一谈是极其错误的。有了和平，才能有裁军。虽然人们表面上仍旧在高谈阔论、慷慨陈词，不断举行盛大筵席，但各国之间的关系却持续恶化、积怨加深，各国军事力量在不断扩张，这就是这个时代的特征。
>
> 当各国不再像目前许多国家那样感觉深陷危险之中，欧洲将会获得安全，军备扩张的压力与重担也将自然而然地消散，这是实现长期和平的必然之举，到那时，通过签订全面协议确保裁减军力也不是什么难事。同样，法国是一个热爱和平、反对军国主义的国家，我殷切希望英国政府不要再强制法国削弱军事力量。我庆幸的是，法国始终没有在众多口舌（我们的反对党领袖兰斯伯里尤其支持法国裁军）之下屈服。
>
> 在我们的有生之年，绝不会只目睹到这一个德国法西斯。但我们必须认识到，当前那两三个铤而走险的德国人掌控着德国七千万人口的命运，包括科学人才、知识分子、温顺良民以及骁勇之士。法西斯制度不同于君主制度，君主制度在制订政策时需要顾及王室利益，因而必须瞻前顾后、深谋远虑；而法西斯随意而为，在那里根本没有公共舆论，有的只是受严格控制的无线电广播和报纸这些可怕的新闻机器所制造出来的虚假新闻。德国的政治与我们所说的政治截然不同，在那儿，你绝不能脱离政府加入反对党，也不能随心所欲地由议会前座换到后座；你也许会忽然接到通知，要你在一刻

钟之内卸下重要的领导职位，把你送到警察局，使你沦为阶下囚，接着你甚至会遭受更为残忍的折磨。

我认为，一个手握重权的法西斯很容易受到某种诱惑而孤注一掷，能够干出比军事独裁更为凶残的事。军事独裁诚然有许多缺点，但毕竟立足于实际调查，实事求是。法西斯独裁比军事独裁更让人感到危险的是，为了摆脱本国面临的巨大危机，他们可能会轻而易举地投入海外扩张，使整个世界蒙受人类史上最惨绝人寰的灾难。

* * *

促使德国铤而走险的第一次诱惑，不久就出现了。

1934 年 7 月初，由巴伐利亚通往奥地利的山路上，来往行人络绎不绝。7 月底，一名德国信使落入了奥地利边防警察的手中，他身上携带了许多文件，其中一份显示一场全面暴动即将到来，而这场政变的组织者正是当时的奥地利驻意大利大使安东·林特伦。然而危机逼近的预兆并没有引起陶尔斐斯及其阁员的警惕，直至 7 月 25 日清晨，种种迹象表明叛乱迫在眉睫，一触即发。当天早晨，纳粹分子在维也纳集中待命，下午一点，一群武装分子闯入总理府，陶尔斐斯身中两弹，由于无人前来营救，只能躺在原地，流血等死。另一队纳粹分子占领了广播电台，宣布陶尔斐斯政府下台，由林特伦继任。

但陶尔斐斯内阁的其他成员却采取了坚决有力的行动。总统米克洛什博士发布了正式命令，要不惜一切代价恢复秩序，并由司法部部长许士尼格博士掌握政府大权。大部分的奥地利军队和警察都团结一致，支持由许士尼格部长领导的政府。他们包围了少数叛乱分子占据的总统府大楼，在那里陶尔斐斯已经奄奄一息。此时各省都爆发了起义，在德国巴伐利亚的奥地利兵团分队也越界入境。这时墨索里尼听到了奥国政变的消息，立即发电报给奥地利"保安团"领袖斯塔亨保亲王，保证意大利一定维护奥国的独立，并专程飞往威尼斯，接见了陶尔斐斯的遗孀，对她表达了衷心的同情和慰问。与此同时，意大利的三个师奉命开到布伦纳山口，准备支持奥地利。希特勒见此情况，知道自己力量有限，于是退了回去。与暴动有牵连的德国驻维也纳公使里特，与一些德国官员一起奉命被召回或解职，暴动就这样失败了。巴本幸免于血洗冲锋队的大屠杀，很快被任命为德国驻维也纳公使，奉命用更巧妙的方法进行工作。

　　巴本被任命为驻维也纳的公使，其目的十分明确，就是要组织推翻奥地利共和国。他负有双重任务。第一，鼓励奥地利纳粹党的地下活动，并每月发放二十万马克的津贴经费；第二，暗中收买奥地利政治领导人。在他受命的前几天，他毫不掩饰，轻率地向在维也纳的美国公使泄露了自己所做的事。美国部长说："巴本以极为大胆和无所谓的态度告诉我，自欧洲东南部一直延伸到土耳其边界都属于德国的天然腹地，他奉命在这些地区实施德国式经济管理和政治控制。"他爽快又直截了当地说："控制奥地利只是第一步。德国政府已下定决心控制东南欧，这是任何人都无法阻止的。美国的政策如同法国和英国的政策一样，都不是切合实际的。"

　　在这样的悲剧和恐怖中，年迈的兴登堡元帅有几个月因神志不清而彻底沦为了德国陆军总参谋部的傀儡，已与世长辞了。希特勒成了德国元首，同时还继续手握德国总理一职，成为德国的统治者。他同德国陆军的交易，已因血腥清党得以成交和巩固。冲锋队不得不服从希特勒，重申对元首的忠诚。冲锋队中元首所有的敌人和可能的对手都已全部清除，此后，冲锋队大势已去，只是在典礼仪式时充当警卫队之类的角色。黑衫军或党卫队员的人数日益增加，他们享有特权，纪律严格，因此日益强大，已成为在希姆莱率领下专门保卫元首的禁卫军，与陆军将领和军人特权阶级平起平坐，黑衫军还成了一支拥有相当大权利和军事力量的政治部队，并从事日益扩大的秘密警察活动。这些权力，只需通过事先设计好的公民投票的正式批准，就可使希特勒的独裁达到绝对完美的境地。

*　　*　　*

　　奥地利事变促使法国和意大利联系得更加紧密；陶尔斐斯暗杀事件引起了巨大的震动，使两国的参谋部有所接触。奥地利的独立受到威胁，促使法意关系的重新调整，这势必涉及地中海和北非的力量均势，也涉及奥地利和意大利在东南欧的相对地位。但墨索里尼不仅急于要保住意大利在欧洲的地位，以抵制德国的潜在威胁，而且想确保意大利在非洲的殖民扩张。就对付德国而言，同英法两国密切合作是一个有效的办法。但在地中海和非洲的扩张问题上，与英法两国的冲突是不可避免的。墨索里尼想：能否出于意、法、英对安全的共同需要，促使这两个意大利以前的同盟国接受意大利在非洲的扩张计划呢？无论如何，同英法联盟可能会对意大利政策的实施带来希望。

*　　*　　*

　　法国方面，在斯塔维斯基丑闻和其引发的二月暴动以后，杜梅尔格先生领导下的右翼政府下台，由达拉第先生继任总理，巴尔图先生任外交部部长。自《洛迦诺公约》签订以来，法国急于在东欧安全措施上达成正式协议，但英国不愿承担莱茵河以外的责任，德国拒绝与波兰和捷克斯洛伐克签署约束性的条约，小协约国对苏联的意图心存戒心，苏联对西方资本主义国家又有所怀疑，所有这一切都阻碍了东欧安全协议的实现。1934 年 9 月，巴尔图决定继续推行安全计划。他原本打算订立一个包括德国、苏联、波兰、捷克斯洛伐克和波罗的海诸国在内的东欧公约，由法国保证苏联的欧洲边界，由苏联保证德国的东部边界。但德国和波兰对东欧公约均表示反对。然而 1934 年 9 月 18 日，巴尔图成功地使苏联加入了国际联盟，这应被看作是实现东欧安全协议至关重要的一步。当时代表苏联政府的李维诺夫对外交事务的各个方面都十分精通，很快适应了国际联盟的氛围，他充满道德思想的发言使他在国际联盟大获成功，很快就成为一个声名显赫的人物。

　　新德国在他国的默许下壮大起来了。法国为了寻求盟国来对付德国，自然而然将目光转向了苏联，希望能够重建战前的均势局面。但在10月，一场悲剧发生了。为了在巴尔干地区推行法国政策，南斯拉夫国王亚历山大受邀前往巴黎进行正式访问。亚历山大在马赛着陆，受到巴尔图的迎接，随后二人与乔治将军一起乘车穿过前来欢迎的人群。人们举着两国国旗，手捧鲜花，热烈欢迎亚历山大国王。然而此时一场可怕的谋杀正在从克罗地亚和塞尔维亚地下组织的暗流中涌现，将以令人意想不到的方式突然出现在欧洲舞台上。如同1914年的萨拉热窝事件一样，一群亡命之徒正蓄势待发。法国的警备松散、随便、很不严密。突然间一个人从欢呼的人群中冲了出来，登上汽车踏板，用自动手枪对准国王和其他同车的人连续射击，车上所有的人全部中弹，凶手企图从法国骑兵卫队的后面逃走，但立刻被截住打死。当时场面一片混乱，亚历山大国王当场毙命。乔治将军及巴尔图鲜血直流，将军从汽车里走出来，气若游丝，难以移步，立刻被送往医院急救。而巴尔图部长则混杂在人群中，二十分钟后才被找到，他艰难地自己爬上楼梯，来到局长办公室寻求医疗救护。医生随即在他的伤口上打上止血带，无奈流了太多血，又是七十二岁的高龄，几个小时后巴尔图部长就丧命了。这对法国外交政策是一个沉重的打击，该政策在巴尔图的指导下正初具雏形。巴尔图死后，由赖伐尔继任外交部部长。

　　赖伐尔虽有极不光彩的历史和结局，但并不能因此就否定他的个人魄力和能力。他具有清晰而又锐利的眼光，认为法国必须不惜一切代价避免战争。为了达到这个目的，他希望同意大利和德国的两位独裁者进行交涉，来确保和平。他对德意两国的体制并无偏见，但他不信任苏联；尽管赖伐尔偶尔对英国示好，但其实他并不喜欢英国，认为英国是一个无用的盟国，事实上，那时英国在法国的声誉并不高。赖伐尔的第一个目的便是与意大利达成一定的共识，他认为时机已经成熟。法国当时一直为德国的威胁所困扰，因此准备做出重大让步以争取意大利。1933年1月，为除掉阻碍法、意两国关系的主要绊脚石，赖伐尔前往罗马签署了一系列协议。两国一致认为，德国重整军备是非法的，并同意如果将来奥地利的独立受到威胁，双方将就此进行磋商解决。在殖民地问题上，法国承诺对突尼斯的意籍居民地位给予行政上的让步，并将利比亚和索马里兰两地接壤的一些土地割让给意大利，同时承诺把吉布提—亚的斯亚贝巴铁路百分之二十的股份让给意大利。这些谈判的目的是为法、意、英三方举行更正式的会谈打下基础，建立统一战线，一致对抗德国日益猖狂的威胁。不料在随后的几个月，意大利入侵埃塞俄比亚，导致所有计划全部泡汤。

*　　*　　*

1934 年 12 月，意大利和埃塞俄比亚两国军队在埃塞俄比亚和意属索马里兰边界的瓦尔·瓦尔发生冲突。这成为意大利之后在世界面前公开向埃塞俄比亚王国索要赔偿的借口。自此，关于在欧洲遏制德国的问题就这么由于埃塞俄比亚的遭遇而被扰乱和搅浑了。

*　　*　　*

现在，还有件事应该提一下。萨尔盆地原来是属于德国的一小块领土，在那里储藏有丰富的煤矿，设有重要钢铁厂，根据《凡尔赛和约》的条款，将在十五年后由公民投票决定是否重归德国，投票的日期定于 1935 年 1 月。投票结果应该没有任何疑问，居民中大多数人会支持回归德意志，因为虽然萨尔地区名义上是由国际联盟管辖，实际上为了确保万无一失，已受到当地纳粹党组织的控制，从而加倍保证了投票的结果。巴尔图虽然知道萨尔最终总是要重归德国，但他仍旧坚持要为那些也许会投票反对立即回归德国的人提供一些安全保证，但他的遇刺完全改变了法国政策的格调。1934 年 12 月 3 日，赖伐尔就煤矿问题和德国人进行直接交易，三天后赖伐尔公开声明法国不再反对萨尔回归德国。正式的投票于 1935 年 1 月 13 日在国际监督下举行，英国派了一个旅的队伍参加了监督活动。除了唯一受国际联盟统辖的土地但泽外，百分之九十点三的居民投票赞成重归德国。尽管这一结果理所当然，并未出人意料，但纳粹德国在道义上的这次胜利，使希特勒的威望大为提高，并给他的权威戴上了德国人诚信意志的桂冠。希特勒并没有因国际联盟的公正和公平作风而变得好商量，更谈不到有所感动。这无疑证实了他只是把盟国当成一群腐朽的笨蛋罢了。他开始集中全力来推行他的主要目标：扩充德国的军事力量。

第七章

SEVEN

英德空中均势不再

德国的捷径——鲍德温先生对空中均势的承诺——工党对扩充空军提议进行不信任投票——希特勒宣称德国已取得空中均势——麦克唐纳先生的惊慌——菲利普·坎利夫·利斯特爵士接替伦敦德里勋爵继任空军大臣

德国总参谋部自己也不相信德国陆军能在 1943 年之前重新建立起来，发展规模超过法国，并配有军械和武器库。德国海军，除了潜艇之外，在十二年至十五年之内无法重现当年盛况，而重建海军也必将与其他军备计划发生激烈的竞争。但是，内燃机的发明和飞行技术的出现，在文明制度未成熟的情况下，实属是一种不幸，因为它催生了使各国战争实力迅速发生改变的新型战斗武器。只要在人类不断积累的知识中和科学的进步中有自己的一方立足之地，一个顶级大国只需要四到五年的潜心发展，就能造就一支强大的，甚至是世界一流的空军。当然，如果事先有所准备，这个期限还可以更短。

正如德国的陆军一样，德国空军重组也经过了长时间的秘密准备。早在 1923 年，塞克特就决定，未来的德国空军必须成为德国战争机器中的一部分。不过当时，他还没有太大的野心，只是满足于暗地里在"空军缺席"的陆军中建立一个组织完善的空军框架，就算不能一直隐藏在幕后，至少计划之初要掩人耳目秘密进行。各种军事力量中，空军实力是最难估量的，或者说最难用精确的语言来表述。在任何时候，民用航空工厂和训练场所的军事价值和重要性都难以衡量和判断，难以给出准确定义，因此有许多办法可以用来遮掩和伪装，也有很多各式各样的机会来躲避条约的限制。显而易见，只有空军能够给希特

勒提供捷径，使德国在第一步与英法军事力量持平，第二步在重要军备方面超过英法两国。然而，此时英法该采取什么样的行动呢？

到了 1933 年秋，英国在裁军方面的努力仍明显不可能成功，不论是通过命令还是以身作则都毫无用处。工党和自由党崇尚和平，完全没有意识到德国退出国际联盟这一恶性事件的影响。两党继续以和平的名义坚持英国裁军，对持不同意见的人，一概称之为"战争贩子"和"恐怖分子"，但民众似乎很支持他们，因为民众也并不能完全了解事态的真相。10 月 25 日，在东富勒姆的补缺选举中，一股和平主义潮流使工党增加了近九千票，而保守党却减少了一万票以上，当选者威尔莫特先生在投票结束后发表讲话说："这是英国人民的要求，英国政府应该即刻落实常规裁军，为全世界树立榜样。"兰斯伯里先生，这位工党领袖也表示："将军备裁减到德国的军备水平，这是全面裁军的第一步。"这次选举给鲍德温先生留下了深刻印象，他在三年后一次非比寻常的演讲中还提及此事。11 月，迎来了德国国会选举，在这次选举中，未经希特勒认可的人一概不得参选，于是，纳粹党人获得了百分之九十五的票数。

不考虑英国人民对和平的热切渴望就一味指责英国政府的政策，这种做法是不对的。这份对和平的渴望鼓动和误导了大部分英国国民，甚至如果有政党或政客胆敢与和平路线背道而驰，他们的政治生涯似乎就到此为止了。但这一切都不应该成为那些没有负起责任的政治领袖们推卸责任的借口。一个政党或一个政治家，与其置国家于危险的困境中不如退位让贤，因为我们的历史上从来没有这样的记录，政府要求议会和人民采取必要的防务措施而遭到拒绝的情况，所以一切错都在政府，而不在人民。不管怎样，那些恐吓谨小慎微的麦克唐纳—鲍德温政府，一味指责他们走入歧途的人，最好是闭嘴才对。

1934 年 3 月的空军预算，总额只有两千万英镑，其中包括四个新成立的空军中队的费用，这四个新成立的空军中队把我军第一线空军飞机的数量，从原来的八百五十架增加到了八百九十架。第一年的财政支出为十三万英镑。

关于这方面，我的意见是：

是的，大家都认为我们的空军仅占第五强——如果能称得上强的话，而与我们的近邻法国相比，实力只有其一半，况且德国也快速武装了起来，并且无人打算给予阻止。显而易见，没有人提议发起一场阻止德国破坏《凡尔赛和约》的防御性战争。但我要强调：德国决定武装起来，德国正在武装起来，长期以来，德国一直在扩军备战。我虽不了解细节，但众所周知，这样一个天赋迥异的民族，有着先进的科学和工厂，再加上他们所谓的"航空运动"，是完全有能力在短时间内快速组建一支最强大的空军队伍的。这支空军无所不能，既可防御又可进攻。

我十分害怕有一天，威胁到英帝国核心的手段会掌握在德国现任统治者手中；我害怕有一天我们会落到一个悲惨的境地，使每个珍视行动自由与独立的人都伤心难过；我害怕有一天我们会落到一个危险的境地，使广大爱好和平的芸芸众生只能艰难度日。对这一天的来临，我深感恐惧，可这一天似乎就近在咫尺，也许只要一年，也许十八个月，这一天就会来临，但至少现在还没有到来，为了这个希望我在祈祷，但终究是不远了。现在我们还有时间采取必要的措施，但这些措施一定是我们需要的，比如取得空中均势的措施。任何一个国家，只要在世界范围内与我们肩负着同样的责任；任何一个国家，只要发挥着我们希望能够发挥的重要作用，就不应该处在任由别国讹诈和敲诈勒索的地位……

战胜国和战败国之间的怨恨一点都没有化解。欧洲乃至整个世界，一股具有侵略性质的民族主义精神，前所未有地在欧洲和世界各国肆虐蔓延。洛迦诺会议的日子早已远去，当时我们还心怀着美好的希望，希望欧洲大家庭能重新和睦团结。

我要求鲍德温先生采取行动，因为他是掌握实际权力的人。他有这个能力，也有这个责任。鲍德温先生在答复中说：

　　如果我们为了达成协议所付出的努力都失败了，如果在我上述问题上不能取得平等地位，那么我国的任何一届政府，特别是本届的联合政府，都务必将保证我国的空军力量绝不能逊色于任何一个可能袭击我国海岸线的国家。

　　这是一个极其庄严和肯定的保证，当时如果能在第一时间积极采取大规模行动，那么可以肯定，这个保证已经实现了。

＊　　＊　　＊

　　尽管德国还没有公开违反和约中禁止它成立空军的条款，但民用航空以及滑翔运动的大力发展，已经为其打好了基础，使德国能够迅速加强和扩大他们早已秘密非法建成的空军。此外，自 1927 年以来，大批德国飞行员被送往苏联接受军事训练。两国关系虽起起伏伏，但根据 1932 年英国驻柏林大使的报告，德国陆军与苏联红军有着密切的技术合作关系。正如意大利的法西斯独裁者一上台就立刻与苏联签订贸易协议一样，现在的纳粹德国与土地辽阔的苏联之间的关系，看来也没有因为公开的意识形态上的争论而受到损害。

＊　　＊　　＊

　　无论如何，1934 年 7 月 20 日，政府还是提出了一些为时过晚而又不够充分的提案，计划在五年内扩充四十一个空军中队，增加八百二十架飞机。然而工党在自由党的支持下，在下议院对此提案启动了不信任投票，对政府着手重整军备表示遗憾：

在反对派看来，此次重整军备既不是要承担新的义务，也不是要考虑加强国内安全，只会危及国际裁军的前景，并会挑起新一轮危险而浪费的军备竞赛。

艾礼德先生支持反对党拒绝接受任何强化空军实力的措施。为此，他以反对派的名义发表讲话："我们否认扩充空军装备的必要性，我们也否认增强英国空军军力能保护世界和平这一命题，我们坚决反对所谓空中均势的要求。"自由党对此谴责动议表示支持，当然，他们更希望由他们自己提出。如下文所示：

考虑到世界各国有可能再次开展军备竞赛，下议院为此趋势深感忧虑。事实证明，军备竞赛往往是战争的先兆，因此下议院不赞成任何形式上的扩充军备，除非裁军会议已明确宣告失败，除非有非常充分的理由需要扩军。至于提议在空军军备上两千万英镑的额外开支，因不符合这些条件，下议院不予批准。

自由党领袖赫伯特·塞缪尔爵士在发言中说："德国的情况如何？就我们的所见所闻，并无任何迹象表明我们现有的空军实力不足，无法应对来自这方面的危险。"当我们想到这是我们政党的负责人在深思熟虑后所说的话，我们就能意识到我们国家的危机是何等严重了。当时德国还处于军队的初建时期，只要我们竭尽全力，我们本可以保有独立作战的空军实力；如果当时英法两国在军力上各自能与德国持平，英法联合起来的军事实力就是德国的两倍，那么不用损失一兵一卒，希特勒的残暴事业就能被扼杀在萌芽状态。时机一旦错过，一切都已太晚了。我们不能怀疑工党和自由党领袖的忠心，但他们的确是大错特错了，必须在历史面前承担他们应该承担的责任。但令人吃惊的是，工党在以后的几年中竟不遗余力地强调其超群的预见性，谴责他们的反对党没能保证国家的安全，这真是千古奇闻。

＊　　　＊　　　＊

这一次，我终于可以以政府辩护者的身份来敦促政府重整军备了，保守党以异乎寻常的友好态度来听我的发言。

人们可能认为按照英国政府一味追求和平的特点，按照政府中主要内阁成员坚决反对扩军备战的一贯作风，反对党一定会十分坚定和相当郑重地考虑加强国防的要求。我认为历史上从来没有这样一个如此追求和平的政府。我们的首相更是如此，在大战时用最为极端的方式和非凡的勇气来证明他的和平信念，而他的和平主义信仰却造成了巨大的牺牲[1]。说到枢密院的最高院长，公众也会情不自禁地想起他不断重复的祷告"将和平赐给我们这个时代吧"。人们可能会认为，如果有这样的大臣，他们能挺身而出，直言不讳地阐明当前的形势，说明为了保证公众安全要求小规模扩充军备是他们的责任，那么反对党会受到极大震撼，将其视作能够证明现实中的确存在危机的证据，认为政府扩军的确是为了保护人民，使我们免遭危难，那么他们肯定会和政府配合。

但我们来看看我们政府的提议吧，其措辞表达是如此温和，恐怕没有任何政府能够比这更加温和了。这个提议第一次搬上台面讨论，里面所说的每一个字所饱含着的谦逊色彩，使我们自己感到这个提议的要求是多么渺小。他们向我们保证：只要日内瓦裁军协议成功落实，这个提议将随时停止；我们还得到保证，我们所采取的措施，尽管在没有远见的人看来只是为了增强国防，实际上是为了整个集团的安危着想。

但这些缓和的致歉提议总是被反对党以草率的方式回绝。

---

[1]　指麦克唐纳在第一次世界大战中曾因反战被捕入狱。——译者注

对这些安抚性的提议，反对党的唯一回答就是今晚一定要给它投一张反对票。在我看来，为这个问题费力周旋征求意见的时期已经结束，现在我们面临的是世界上有人企图建立专政思想。如果这种专政能够长期持续下去，将会严重损害我们这个国家的安全和稳定。我们富有但很容易被捕食，没有一个国家比我们更容易受到攻击，但也没有一个国家比我们更懂得如何回击捕猎者。我们有着最大的国际化大都市，是世界上最显眼的攻击目标。英国像一头被绑起来的巨大肥美而又珍贵的母牛，引诱着野兽来猎食。我们现在所处的境地，是我们之前从未经历过的，也是现在任何一个国家都未曾经历过的。

让我们牢牢记住：我们的软弱不仅会使我们深受其害，还会使整个欧洲陷入不安的境地。

接着，我继续向大家证明德国已经在空军实力上渐渐接近英国了。

第一，我要指出，德国违反《凡尔赛和约》，创建了一支空军队伍，其实力已达我国空军三分之二之多，这是我向政府提出供其考虑的第一件事情。

第二，德国在快速扩张空军实力，所用经费不仅包括预算中列出的巨额款项，还有大量的公众捐款——通常是强制性捐款。这种强制性捐款的形式正在整个德国实行，而且已经实行了一段时间了。如果我们的扩军议案到1935年底才能得以实行，那么德国空军在数量上和实力上与我们的空军就几乎没有什么差距了。

第三，如果德国持续扩张而我们继续实行现在所谓的裁军计划，到1936年，德国的空军实力肯定会超越英国。

第四，这一点会让我们非常焦虑，那就是一旦德国领先，我们也许就再也无法赶上他们了。我所提出的这些观点如果

大家认为无可反驳的话，那么下议院各派有关人士的忧虑就情有可原了。这种忧虑不仅是来自于德国空军的强大，还来自于德国现在的专政制度。如果在今后几年的任何时间，我们不得不承认德国的空军实力的确比我们强大，那现在的英国政府就一定要承担责任，我认为他们必须承担责任，为他们对我们国家的失职而承担责任。

我在结尾中说：

反对党同我们国家的大多数人一样，是非常坦诚的，在批评纳粹德国政府的所作所为时，一向毫不留情面。但没有人比工党和自由党批评得更严厉了，他们此刻就坐在我的对面。他们的各大报纸，在共同的目标下现已联合在一起，十分严厉地抨击了德国，这些谴责使德国的当权者甚为恼怒。因此，如果敦促我们的盟友裁军，我们将面临没有盟友的境地。同理，我们要冒犯强大的国家，而又忽略自己的国防，这是一个多么痛苦而又危险的处境。事实上，他们是在用要求我们给他们投赞成票的办法，来削弱我们的力量，使我们置身于可怕而危险的境地，他们一贯推行的这种做法是一个非常危险的举措。因此，假使今晚我们给他们投了反对票，反而有希望找到一条有利于国家安全的更好途径，至少比他们指的那条要好。

当然，工党的不信任案最终遭到大多数人否决。但我相信，如果做好宣传工作，让全国上下都明白现在的形势和英国的处境，那么为了国家的安全，政府想要采取的必要措施就会得到全国人民的支持。

*　　*　　*

在讲述这段时期的故事时，我们不可能不回忆从安全到死亡边缘这段漫长路途中的一些重大事件。回过头想想，在二战爆发前，我们还有一段很长的时间可以做准备，我为我们白白浪费了这么长的一段时间而感到震惊。在 1933 年，甚至在 1934 年，英国就已经有可能建立强大的空军，足以牵制和约束希特勒的野心，甚至可能帮助德军将领控制希特勒的暴行。在我们面临最残酷的二战折磨之前，本还有整整五年的时间。假设我们从那时起就审时度势，精神饱满地做好准备工作，二战这个可怕的灾难也许根本就不会发生。英国和法国，凭借卓越的空军实力，完全有可能调动整个国际联盟出面干预德国，所有的欧洲国家也可能团结起来作我们的坚实后盾，这样国际联盟也完全有可能第一次成为一个权威机构。

1934 年 11 月 28 日，英国议会举行冬季会议。会上，我以几位朋友①的名义，提议在答辩词上作一些修正。我说："我们的国防实力，尤其是空军防卫能力都不够充实，已无法保证陛下忠实臣民们的和平、安全和自由。"议会座无虚席，大家都很想倾听我的发言。我陈述了种种理由，强调我们和全世界将要面临的严重危险，然后我开始列举事实：

第一，我断言现在德国已经拥有一支空军。也就是说，一支战斗机部队，并配备有必要的地勤和训练有素的人员和物资，只要一声令下，就能集结成一支公开完整的部队，并且这支非法部队还在快速成长，很快就能与我们的空军分庭抗礼了。第二，在今后的一年里，如果德国实力保持现有增长速度不变，而我们也保持现有速度不减，并执行 7 月议会通过的扩军计划，德国明年 7 月的空军实力至少会和我们持平，甚至可能更强。第三，在同样的基础上，也就是说双方都继续执行各自现有的方案，到 1936 年底，也就是说再过一

① 修正案署名者为丘吉尔先生、霍恩爵士、艾默里先生、格斯特上尉、温特顿勋爵和布思比先生。

年，即从现在算起的两年后，德国的空军实力将会超过我们约一半，到 1937 年，会增加到接近一倍。所有的这些假设还都是建立在德国不加速、我们不减速的基础之上的。

紧接着，鲍德温先生根据空军部顾问提供的资料，干脆直接对我进行了反驳：

> 说什么德国马上就要赶超我国，这根本不是事实。我曾给出了德国军力的全部数据，并不只是第一线的数据，我也给出了我们第一线的数据，并指明这只是我们第一线的数据，其背后还有相当可观的后备力量可供使用。即使我们将对比限定在德国空军的全部力量和立即可以在欧洲调集的皇家空军力量之间，情况也是一样的。德国现在正在积极制造飞机，但其实力不足我们在欧洲实力的百分之五十。至于说到明年这个时候，假设德国不加快速度，执行现有的空军计划，我们继续执行议会 7 月通过的军备扩充计划，那时的德国空军非但不会和我国的空军力量持平，更不可能超过我们。按照我们的估计，仅我们在欧洲的空军兵力就会超过他们百分之五十。我无法预料两年后的情况，至于丘吉尔先生预言 1937 年要发生的事，我所做的调查让我确信他的数据过分夸大。

＊　　　＊　　　＊

这位执行首相职责的鲍德温先生一番醍醐灌顶的保证，使大部分惶恐不安的人得到了安慰，他的反驳也堵住了许多批评者的嘴。得知我严密的推断被无懈可击的权威打败，人人都感到很高兴。但我根本没有被说服，我相信鲍德温先生的顾问们没有把真相告诉他，他并不了解实情。

*　　*　　*

　　冬天悄然过去了，直到次年春天，我才又找到机会再次提起了这个问题。我详尽明确地将此问题告诉鲍德温先生：

> 丘吉尔先生致鲍德温先生：
>
> 　　在周二的空军预算讨论会上，我建议重新讨论一下我们去年 11 月提出的问题，我将尽我所能分析你所给出的英国和德国国防实力的数据，包括过去的和现在的，以及 1935 年底等各个时期的日程数据、财政数据等。我认为德国已经同我们持平，甚至可能更加强大了。如果我们施行制定的新计划，德国实力将在大约 1935 年底到 1936 年初这段时间，比我们强大百分之五十。这与你去年 11 月所讲的刚好相反，因为你当时说我们的实力会比德国强大百分之五十。当然我还想提到你在 1934 年所做的保证，"我国实力将不会比任何一个能攻击我国海岸的国家逊色"，我想提醒你，根据我所知道的情况，这个承诺并没有兑现，并且很快会得到事实证明。
>
> 　　我想，如果我像上次那样，事先让你知道我将采取的大致路线，这也许对你比较方便。我认为，如果有谁能代表政府证明我是错的，那我会比任何人都高兴。
>
> 1935 年 3 月 17 日

　　空军预算在 3 月 19 日交至下议院。我再次重申了去年 11 月说的话，再次直接挑战了鲍德温先生提出的保证，但空军部次官作了十分自信的答复。到 3 月底，外交大臣艾登先生出访德国会见希特勒，在一次记录在案的重要会谈中，希特勒亲自告诉他们，德国空军实力已同大不列颠相当。4 月 3 日政府将这个事实告诉了公众。5 月初，首相写了一篇文章刊登在我们的机关报《新闻通讯》上。他在文章中强调了德国重整军备带来的危险，字里行间与我在 1932 年反复提到的观点如出一辙。他用到了"埋伏"这个含义颇深的词，明显出自他内心的焦虑。我们确实是陷入了埋伏之中。麦克唐纳先生亲自主持了这次辩论，他先提到德国欲建立一支《凡尔赛和约》规定之外的海军，并准备违约制造潜艇，而后转向谈论空军局势：

> 在去年 11 月的辩论中，根据对德国空军实力的估计，我们提出了具体的预算。当时枢密院最高院长代表政府做出保证，不管德国将来建立怎样的空军，我们都不会身处劣势。如果不是如此，那将置国家于一种不可忍受的境地。对此，政府和空军部都完全明白。3 月底，外交部部长和掌玺大臣访问德国时，德国总理说，德国空军实力已经与大不列颠持平。不管这条消息传递了什么深层含义，但就空军实力而言，这无疑暗示德国已经远远超过去年我们在下议院提出的估算。这是一个沉重的事实，对此，政府和空军部都已立刻注意到了。

当轮到我发言时，我说：

> 即使现在，我们也还未采取任何与我们的需要相符的措施。政府已提议扩充军备，因此政府必须面对由此而引起的风暴。他们将受到各种不公正的攻击，他们的动机将会被曲解，他们将遭到诽谤，被叫作"战争贩子"，国内那些势力强大、人数众多且极具发言权的人将会以各种各样的形式对他们发起攻击。既然他们无论如何都要承受，那为什么不奋起为这个国家的安全而战呢？为什么不坚持为空军提供充足的军费呢？这样，不论他们要面对多么严厉的斥责和多么尖锐的侮辱，在某种程度上还是挣得了一个满意的结果：英王陛下的政府会感到，他们已经尽到了作为政府应该承担的主

要责任。

尽管整个议会都在认真听我讲话，我却有一种绝望的感觉。对国家的生死存亡我有着透彻坚定的看法，但却不能使议会和国家重视我的警告，或者提出可以令他们信服以便采取行动的证据，这是我一生中最痛苦的经历。我接着说道：

我承认语言在表达我的情感上显得苍白无力。我想起1708年，圣约翰大臣曾故意泄密，向议会透露阿尔曼扎战役的失败早在一年前的夏天就已成定局，因为由议会通过投票表决派出的两万九千人的英国部队，实际上只有八千人到达了西班牙。一个月后，政府证实了这个消息。据记载，当时下议院有半个小时没有一个人说话，也没有一位议员想对这起令人震惊的事件发表评论。而那起事件与我们现在面对的事件比起来显得多么渺小！那只不过是一次政策失误，西班牙战争中所发生的事情并不会对英国构成致命的威胁。

今晚在外交政策上，整个议院有着难得的一致意见。我们务必要和法国、意大利以及其他一切对和平有着热切渴求的国家保持协调一致的行动。我认为不应该拒绝同任何政府的合作，只要这些政府符合上述要求，只要他们愿意接受国际联盟的权威和制裁，就可以合作。这个政策并不意味着要关紧修改和约的大门，而是在确保稳定的前提下，把所有为了自卫而紧密结合在一起的国家团结起来，为修改和约做好准备。在这个为了集体安全而庄严团结在一起的组织里，我们必须建立起各种防卫力量，同友好的国家联合起来共同行动，这样我们才能过上安静的生活，从我们所犯的对形势可悲的错误估计中重新站起来。对形势的错误估计使我们成了上当受骗的人，只有我们及时吸取经验教训，才不会在某一天成为牺牲品。

此时在我的脑海里闪过一位不知名作者，他写了一首关于火车失事的小诗。这是我从前在一本《笨拙》漫画杂志上学到的，当时我不过八九岁，在布赖顿上学，很爱看这个漫画。

> 谁在负责开火车？
> 转轴响，挂钩紧。
> 速度快，转弯急。
> 司机困，听不见。
> 信号灯，看不到。
> 是死神在开这火车啊。

当然，我在发言中没有为大家念这首诗。

*　　　*　　　*

直到5月22日，鲍德温先生才做了那份有名的自我检讨，在此我必须要引用原文：

　　首先，关于去年11月我给出的有关德国飞机的数据，由于我一直没有从任何渠道获得使我怀疑这些数字有错误的情报，因此我当时一直相信这些数字是正确的。我的错误在于对未来的预测上，在这一点上，我彻彻底底错了，我们在这个问题上完全被误导了。

　　在此我想重申，在我看来，我们不用对现在所做的事情感到惊慌，但我还是要郑重声明，根据我们现在对局势的认识，政府必须采取行动，如果我们的政府今天不能以坚定的步伐采取行动，我是一刻也不愿在这里再待下去了。我还想说，报纸和舆论对空军部进行了大量的谴责，认为他们没有完备的军事计划，没有快速加强兵力，要为没有做到的很多事情负责。对此我只想再说一遍，不管什么责任，我们都十分愿意接受，但这不是某个大臣部长的责任，而是整个政府的责任，我们每个人都应为此受到指责。

当时我多么希望此次惊世骇俗的检讨能成为尘埃落定的决定性事件，至少能成立一个由各党派组成的议会委员会，就这些事实与安全问题进行调查并写出报告。然而下议院却选择了完全相反的做法，工党和自由党反对派九个月前就政府提出的最为温和的扩充军备计划提出了不信任议案，现在的态度则是按兵不动、举棋不定。他们正盼望着未来的大选，以反对"保守党扩军政策"为口号锁定大选。工党和自由党发言人对于鲍德温先生的公开认错完全没有准备，也没有打算调整自己的发言，以适应鲍德温态度变化这个重大插曲。艾德礼先生发言道：

> 作为一个政党，我们反对单边裁军，我们支持通过国际联盟谋求集体安全。我们拒绝将武力作为推行政策的手段，我们赞成裁减军备以及安全合作。我们已经强调过，我们国家必须准备好为集体安全做出贡献，我们的政策并非通过扩充军备以寻求安全，而是通过裁减军备以寻求安全。我们的目标是裁军，并由此取得所有国家的全方位裁军，最后建立一支在国际联盟领导之下的国际警察队伍。

但这样一个宏伟的政策能否马上实现，或者实现之前会发生什么，他却没有说。他指责国防问题白皮书中有关参照美国情况适当扩充我国海军的观点，也反对根据苏联、日本和美国的空军情况扩充我国空军的观点。"这一切都是陈腐旧谈，与集体安全体制格格不入。"他承认德国重整军备并已掌控局势的事实，但"要抵制任何一个国家的武装力量，不能仅仅依靠我国或法国的力量，而是要把国际联盟中所有忠实会员国的力量联合起来，进行制衡。我们必须让侵略者明白，如

果他挑战的是整个世界，他面对的将是全世界的大军，而不只是几支各自为政的国家军队"。因此，我们唯一的方法就是集中联盟国家所有的空军力量，将联合从一句话变成现实。同时，他和他的政党投票反对政府提出的方案。

自由党的辛克莱爵士要求政府"举行一个新的经济会议，使德国不仅在政治上能置身于一个友好的气氛中，而且在文化事业和提高人民生活水平上也能同我们积极合作，同时请政府提出具体而确定的方案，废除德国空军以及加强对民航的控制。如果提案被拒，要弄清原因并及时修正"。

> （他说）不过，尽管裁军是我们政府要大力推行的首要目标，而另一边的一个非国际联盟成员国却拥有世界上最强大的陆军，拥有西欧或许最强大的空军，并在进行大规模的扩张，这种情况是不可姑息的。只要有充分证据能够证明有必要扩军，自由党绝对会支持。因此，增加我们的军力势必与集体安全体制要求我们承担的义务相悖，对于这一观点我的确不能苟同。

接着，他长篇大论地赘述了"把个人利益建立在他人死亡之上的问题"，并引用了教育大臣哈利法克斯勋爵最近演讲中的一句话，英国人民"总是认为战争武器的制造是一件极其严肃和极其重要的事情，只能交给国家承办，而不能交给那些不负责的机构去做"。辛克莱爵士认为，前面已有先例，空军军备的扩充应全权交由国家工厂负责。

私人军火公司的存在，在工党和自由党的心目中一直是一个很棘手的问题，也是一个吸引听众的演讲话题。现在大家都意识到扩充空军的必要性，但仅仅靠国家工厂来完成是不可能的。我国大部分的私营工厂急需马上转型，以加强和巩固我们现有的制造能力。可悲的是，在反对派领袖的演说中，只字未提他们自己也承认的危机形势和这个危机形势背后更为严峻的事实。

政府中的大多数人显然已从心里被鲍德温先生的真诚和坦率所感动。尽管他有各种情报，但却在负有责任的重大问题上出了大错，但他能用坦率的方式承认错误并承担责难，这多少弥补了他的罪责。首相公开承认错误引起了一股异常的热情浪潮，许多保守党议员们似乎对我很生气，因为他们认为我使他们信任的首相陷入了困境。然而，尽管首相凭借自己的勇敢和坦率走出了危机，却没有使这个国家走出危机。

*　　*　　*

伦敦德里勋爵是我的亲戚，也是我童年时的朋友，他是拿破仑时代著名的卡斯尔雷的直系后裔，一个忠心耿耿的爱国者。联合政府成立以来，他就出任空军大臣，负责主持空军部的工作。在这段时期，前面提到了重大变故给国家事务投下了浓重的阴影，而空军部也因此成为最重要的部门之一。在军费削减和兵力缩减的几年里，他和他的空军部曾竭尽所能保住或争取了尽可能多的经费，但这不是件容易事，因为财政大臣是那么的苛刻专断。1934 年夏天，内阁采纳了增加四十一个空军中队的计划，他们为之欢欣鼓舞，然而英国政治总是冷热交替，瞬息万变。当外交大臣从柏林返回，带来希特勒声称"德国空军实力已与英国持平"的消息时，整个内阁都惊呆了，陷入深深的忧虑中。根据普遍承认的新形势，鲍德温先生不得不面对和承担他在去年11 月反驳我的话。内阁完全没有意识到我国空军已经被赶超，于是按照惯例，又反过来用探究的目光审视着相关部门及其部长。

空军部没有料到有一笔经费在等着他们，财政部的条条框框已被打破，只要提出要求，他们就能得到更多的经费。然而实际情况是，他们非但没有申请扩充空军的经费，反而对希特勒宣布的德英两国的空军均势十分抵触，不以为然。伦敦德里作为空军部的发言人甚至相信这种话："西蒙和艾登出访柏林时，德国只有一支可作战的空军中队，从他们的训练编制看，他们希望能在月底建成十五到二十支空军中队。"所有这些都是专业术语的问题。由于缺乏统一标准，很难界定空军的分类，什么叫"第一线的空军"，什么叫"可供作战的单位"，解释各不一样。空军部的专家和官员请求他们的长官对过去提供的数字进行精心辩护，但结果却与政府和公众现在的看法大相径庭。当时是他们把这些数字和预测告诉了鲍德温先生，鲍德温先生11月反驳我的回答就是以这些数据为根据的，他们希望鲍德温也能为此进行辩护，但实际上已毫无必要了。显而易见，这些专家和空军部官员当时似乎是被误导了，所以继而误导了他们的首相。一支强大的空军队伍，至少是和我们不相上下的空军队伍，长久以来一直隐藏起来的德国空军部队，现在终于出现在公众的视野中了。

对于伦敦德里勋爵来讲，这是件奇怪而痛苦的事，正如他的书里所说，这么多年来他一直在要求增加经费，突然间竟变成经费要求得还不够多。此外，他的政治立场也不足以使他继续留任空军部长一职，因为空军部不仅是国家的核心部门，甚至是最重要的部门。人人都能看得出来，在这个时刻，空军部长人选最好是下议院议员。因此，在麦克唐纳先生辞去首相职位后，时任殖民地事务大臣的菲利普·坎利夫·利斯特爵士调任空军部长，负责空军扩军的新政策，而伦敦德里勋爵十分不情愿地担任了掌玺大臣和上议院院长，大选后，他的这两项职务均被鲍德温先生罢免。在伦敦德里勋爵任空军部长期间，最大的贡献就是发明和改进了最著名的"旋风"式和"喷火"式战斗机，第一架飞机的雏形分别在1935年11月和1936年3月进行了试飞。伦敦德里本可以在他的辩解中提及此事，但他没有，甚至还背负了很多莫须有的罪责。而新任的空军大臣，则顺风顺水，下令大量生产这些战机，还储备了适当数量的飞机以备不时之需。坎利夫·利斯特比起其前任来，是一个权势大得多的政治人物，并拥有更好的机会，更振奋人心的任务。他强力推行我们的空军政策，并亲力亲为，活跃在各项工作中，以弥补1932—1934年失去的时间。可惜坎利夫·利斯特也犯了一个严重的错误，这个错误就是他于1935年11月离开了下议院，进入了上议院，这就使他失去了继续担任空军大臣的理由，为此他付

出的代价是几年后卸任了空军大臣的职位。

＊　　＊　　＊

灭顶之灾降临了，希特勒已经获得了与大英帝国空中力量平等的
地位。以后他只要全速发展他的工厂和训练学校，就不仅可以在空中
保持领先优势，还可以稳扎稳打不断提升。此后，一个充满威力、不
可估量的威胁将笼罩在伦敦上空，并成为我们做出决定时不得不考虑
的必要因素。更甚者，我们永远也赶超不了对方的实力，或者说，是
我们的这个政府永远赶超不了。英国皇家空军效率高的荣誉应该归功
于政府和空军部，但空中均势的保证已成为不可挽回的泡影。诚然，
德国空军随后的进一步发展根本不及他们想要获得空中均势时的发展
速度。毫无疑问，德国花费了极大的努力才一举取得了空中霸权地位，
并在外交上支持和运用了这种优势。空军优势为希特勒步步为营的侵
略活动打下了基础，这一切他早已运筹帷幄，马上就要采取一系列的
侵略活动了。在接下来的四年里，英国政府也做了相当大的努力，毫
无疑问，我们的空军在质量上占优势，但数量上我们却望尘莫及。战
争爆发后，我们发现我们的空军在数量上还不及德国的一半。

EIGHT

挑战和反响

希特勒下令扩军——西蒙爵士和艾登先生访问柏林——英法意在斯特雷扎会议上反对德国扩军——法苏缔结《法苏互助条约》以防御德国侵略——艾登先生被任命为国际联盟事务大臣——英德签署《英德海军协定》——德国陆军的发展壮大

经过多年的暗中筹划和秘密准备，希特勒终于觉得自己已经十分强大，完全可以向协约国发起第一次公开挑战。于是在 1935 年 3 月 9 日，他宣布正式成立德国空军。紧接着在 16 日，他宣布德国重新实行义务兵役制。不久希特勒又颁布了相关法令来推动上述决定的实施，虽然这些决定早就先行一步了。由于法国政府已经获悉即将发生的事情，因此，就在希特勒宣布重要决定的同一天，法国比希特勒早几个小时宣布将本国的义务兵役制延长为两年。德国的这种行为无疑是对被视为国际联盟基石的《凡尔赛和约》的公然践踏。以前由于各战胜国执迷于和平主义，同时只专注于国内政治，所以只要德国的毁约行为不那么明显，或者另立名目，他们也就不再追究了。因为战胜国的纵容，德国的毁约行为越来越变本加厉，越发直接和蛮横。3 月 24 日，埃塞俄比亚政府向国际联盟寻求帮助，抗议意大利对它的威胁。几乎就在同一天，西蒙爵士和掌玺大臣艾登全然不顾当前形势，执意应希特勒邀请访问柏林。对此，法国政府认为这种行为显然不合时宜。法国当前所面临的问题已经不是前一年麦克唐纳竭力要求的裁军问题，而是把法国的义务兵役制从一年延长为两年的问题。社会舆论普遍认为这是个艰巨的任务。不仅共产党，就连社会党都投了反对票。当莱昂·布鲁姆先生说"法国工人将奋起抵抗希特勒的侵略"时，多列士在其亲苏派的一片掌声中回应道："我们绝不容许工人阶级卷入到所谓保卫民主的反法西斯战争中去。"

面对当前欧洲形势，美国除了祝愿各方一切都好之外，果断撇清了与欧洲的所有关系，并确保自己不会再被欧洲事务所扰。尽管英国、法国和意大利三国意见不一，但是他们一致认为现在有必要站出来抵制希特勒这种公然毁约扩军备战的行为。于是在国际联盟的主持下，几个一战中的主要协约国在斯特雷扎召开了一次会议，会上就这些议题展开了讨论。

* * *

英国代表艾登先生近十年来一直潜心研究对外事务。十八岁时，他从伊顿公学应召入伍参加了一战，在第六十来福枪旅服役了四年，经过多次血战，荣升为副旅长，并获十字勋章。1925 年，他当选为下议院议员，不久在鲍德温先生第二次执政时期，又被任命为外交大臣张伯伦的政务秘书。1931 年，在麦克唐纳—鲍德温的联合政府中，他被任命为外交部次官，在新任外交大臣西蒙爵士的领导下工作。次官的职责时常变动，但职责毕竟有限。尽管他自己不是内阁成员，也不能参加内阁会议，但是他必须协助长官执行内阁决策。只有在内阁决策违背良心和影响名誉的极端情况下，他才会予以公开评论，甚至以辞职的方式，义正词严地对内阁的外交政策表示异议。

外交部一直肩负着许多重要使命，艾登先生在外交部经过了多年的磨砺，对国际形势有了深入了解，并且逐渐适应了这个部门的生活和思维方式。1935 年，西蒙爵士在外交事务中的表现既没有得到反对党的支持，也不被保守党看好。这时，艾登先生以其深厚的外交知识和非凡的外交天赋，开始崭露头角。1934 年末，他受任掌玺大臣之后，因其在外交方面的天赋，出于内阁的愿望，他依然同外交部保持着一种非正式但极为密切的联系，并随同他的老上司西蒙爵士应邀访问柏林。虽然这次访问显得不合时宜，但至少还有些收获。外交大臣

西蒙爵士与希特勒的会晤结束后就马上返回伦敦，带回了一个重要消息，即前文所提到的，希特勒宣称德国空军实力已经可以和英国比肩。为了应对德国的扩军备战，艾登先生奉命前往莫斯科与斯大林建立联系，因为在当前形势下，两国虽时隔几年不曾联系，但再度恢复这种联系对双方都有好处。在从莫斯科回来的途中，艾登先生的飞机不幸遇上了一场大风暴。当飞机平安降落时，他几乎已不省人事。医生说艾登的身体状况不再适宜与西蒙爵士参加斯特雷扎会议。的确，在接下来的几个月里，他一直都抱病休养，根本没法参加会议。在此情况下，首相毅然决定亲自和外交大臣出席斯特雷扎会议，尽管他自己的身体、视力和智力状况在这段时间里也明显在衰退。在这场相当重要的会议中，相对于法国的弗朗丹和赖伐尔，意大利的墨索里尼和苏维奇，英国代表的实力并不占上风。

与会代表普遍认为《凡尔赛和约》是用几百万人的性命换来的，对于任何公然违约的行为都绝不能容忍。但是英国代表却从一开始就明确表示，认为对于违约行为没有必要采取任何制裁措施。由于英国代表的这种态度，故而本次会议自然不会有什么实质性结果。会议最后一致通过了一项决议：绝不容忍任何单方（即一方的）违约行为。一旦发生这样的违约行为，国际联盟行政院就必须对违约行为予以披露。会议的第二天下午，墨索里尼强烈支持这一决议，并公开表示反对任何强国侵略他国的行为。会议发表的最后宣言如下：

> 英法意三国出台这一政策的目的是为了在国际联盟的运作框架内维持集体和平，三国一致同意，如果有任何单方违约行为威胁到欧洲和平，为了维持集体和平，三国将不惜采用一切必要手段，并展开亲密的合作。

这位意大利的独裁者在他的演讲中着重强调了"欧洲和平"这几个字，在说完"欧洲"一词后又引人注目地稍作停顿。墨索里尼如此强调"欧洲"一词的行为引起了英国外交部代表们的注意。他们竖耳

倾听，一下子就明白了墨索里尼的意图。一方面，他表示愿意同英法合作遏制德国扩军备战；另一方面，他想为日后远征埃塞俄比亚留有余地，因为埃塞俄比亚属于非洲而不属于欧洲，因此他强调"欧洲和平"。要不要在会上拆穿墨索里尼的小把戏呢？当晚英国外交部就这一问题展开了讨论。他们都希望在遏制德国扩军备战这一问题上能取得墨索里尼的支持，如果此时警告他不要侵犯埃塞俄比亚势必会触怒他，这实在不是明智之举。所以英国代表达成一致意见没有在会上提出这个问题。鉴于没人过问，也就不了了之了。对此，墨索里尼则认为，协约国已经默认了他的说法，让他可以对埃塞俄比亚为所欲为。他这样想确有其理由。法国也对这个问题保持缄默，斯特雷扎会议就此结束。

斯特雷扎会议结束后，紧接着在 4 月 15—17 日，国际联盟行政院召开会议，下令调查德国在全国普遍实行义务兵役制这一涉嫌违反《凡尔赛和约》的行为。派代表出席本次行政院会议的国家有：阿根廷、澳大利亚、英国、智利、捷克斯洛伐克、丹麦、法国、意大利、墨西哥、波兰、葡萄牙、西班牙、土耳其和苏联。以上所有国家都投票赞成绝不容许任何国家采取单方行动破坏《凡尔赛和约》这一原则，并将此决议提交国际联盟全体大会审议。与此同时，位于斯堪的纳维亚半岛的瑞典、挪威、丹麦三国，由于担心德国的扩军备战会影响波罗的海的海军力量平衡，也都一致表示赞同上述决议。这样，对德国提出正式抗议的国家总共有十九国之多。但是在这么多的国家当中居然没有一个国家或者国家集团打算使用武力遏制德国这种违约行为，哪怕是在危急关头也没有。可见他们的这种投票其实只是装装样子罢了。

* * *

赖伐尔本来不想像外交部部长巴尔图那样执着于与苏联接洽。但是根据法国当时的形势的确需要这样做。3 月，议会以微弱优势通过了实行两年义务兵役制的决定。对于关心法国前途命运的人来说，很有必要让这项决定赢得全民支持。想要达到这一目的只有依靠苏联政府，因为有相当一部分举足轻重的法国势力非常顽固，只有苏联才可以左右他们的意见。此外，法国人民普遍希望与苏联的联盟恢复到以前那样的关系，或者至少和那时差不多。基于这两个原因，5月2日，法国政府与苏联缔结了《法苏互助条约》。不过该条约措辞含糊，只保证在未来五年内，如果一国遭到侵略，另一国将予以支援。

为了让法国取得实实在在的政治成果，赖伐尔先生到莫斯科进行了为期三天的访问，在那里他受到了斯大林的热烈欢迎。他们进行了长时间的会谈，其中有个小插曲从未披露过，在此不妨给大家说一下。见到赖伐尔，斯大林和莫洛托夫当然最想知道法军的西线实力：究竟有多少个师，服役期多长？讨论完这个问题后，赖伐尔说："你难道就不能做点事情来促进宗教及天主教在苏联的发展吗？这将有助于改善我和教皇的关系。"斯大林说："啊哈！教皇呀！那他有几个师呢？"对于这个问题我可不知道赖伐尔是怎么回答的，但是他可能会提到教皇在阅兵式上可见不到多少军队。苏联经常想让法国承担一些特定的义务，但是赖伐尔却从来不想去承担。然而，他还是争取让斯大林在5月15日发表了一项声明，称苏联完全赞同法国制定的国防政策，即为了维护国家安全保持一定兵力。法国共产党一听到苏联的指示，立即转过头来改为强烈支持国防计划和两年义务兵役制。《法苏互助条约》虽然一定程度上维护了欧洲和平，但条约中并没有明确规定，当一方遭到德国侵略时另一方必须予以支援，因而其效力是有限的。可见法国并没有和苏联结成真正的联盟。而且这位法国外交部部长刚一离开苏联，在取道波兰回国途中，就趁着在克拉科夫参加毕苏斯基元帅葬礼的机会与德国的戈林会面，并进行了亲切的会谈。他在会谈中表现出了对苏联的猜疑和嫌恶，这些都被苏联在德国的情报人员如实转告了莫斯科。

英国方面，麦克唐纳先生由于健康每况愈下，能力也逐渐衰退，已经不能继续履行首相职责。由于他政治上的和战时的言行以及他的

社会信仰，因而向来不受保守党欢迎。出于怜悯，保守党对他长期以来的成见后几年才稍有缓和。他也是工党最痛恨的人，因为虽然他为工党的创立贡献了大部分力量，但是也正由于 1931 年他的"出卖"而使工党一蹶不振。因此在支持现政府的绝大多数席位中，他只有七名工党追随者。另外他竭力推行的裁军政策现也已完全失败。对于不久就要进行的大选，他已无力回天。在这种情况下，6 月 7 日内阁宣布麦克唐纳和鲍德温先生互换职务，鲍德温先生第三度出任首相。这一切都在意料之中。外交部也同时易手，换了新的外交大臣。印度事务大臣霍尔爵士因其出色表现让政府的《印度法案》得以通过而备受赞誉，因此自然可以把他调到一个眼下更重要的岗位上去。而西蒙爵士的外交政策长期以来一直受到一些与政府联系密切的保守党的猛烈抨击，最后西蒙爵士调任到他所熟悉的内政部，而外交大臣一职则由霍尔爵士接任。

与此同时，鲍德温还采用了一个新奇的权宜之计。鉴于艾登先生声誉日增，身体也渐渐恢复，他任命艾登先生为国际联盟事务大臣。他可以在外交部办公，地位与外交大臣相等，并可以发号施令，调用所属人员。鲍德温先生这样做无非是想表示他重视国际联盟，重视我国在日内瓦的事务，以此安抚与国际联盟关系密切的强大舆论。我称这个权宜之计为"一个外交部两个外交大臣的新计划"，大约一个月后，当我终于有机会评论这个新计划时，我发表了以下讲话提醒大家注意这个权宜之计的弊端：

> 的确，我很高兴昨天听首相说这只是暂时试验。我也觉得这个权宜之计不会持久，就算这次终止了将来也不会恢复。……我们只需要一个人来负责外交事务，我们需要统一的思想，掌控全局，让每个要素每件事都围绕着议会一致认同的总目标。不管谁来当外交大臣，不管他是什么人，他必须在部内享有最高权力，而且这个重要部门里的每个人都要服从且只服从他一个人。我记得我们在战时曾经讨论过统一指挥

的问题，那时劳合·乔治先生说："这不是某个将军会比另一个将军好的问题，而是一个将军统一指挥会比两个将军分开指挥好的问题。"在这困难时期，一个强有力的内阁肯定每天都需要和外交大臣在一起议事，首相也肯定需要随时召见外交大臣或者他的部属。然而现在面对如此复杂繁重的问题，不断变动的时局，却要在外交部实行双重领导，并让他们拥有同样的职权，我认为这样势必会加剧当前的混乱局面。

没想到真的一语成谶。

*   *   *

正当人和事都处于混乱不堪的局面时，英国政府此时又做出了一个惊人之举。海军部在这其中至少发挥了一部分推波助澜的作用。人们一直觉得让陆、海、空部队的军人来搞政治是件危险的事，因为他们现在所涉足的政治上的行为准则和他们之前在部队里适应的标准截然不同。当然，海军部一直要遵循海军大臣和内阁的意愿，甚至听从他们的指示来行事，因为只有海军大臣和内阁才负得起这个责任。不过也有人强烈支持海军部的所作所为，认为他们做得很好。英德两国海军部之间关于两国海军比例的谈判已有一些时日。根据《凡尔赛和约》规定，德国除了可以保留六艘排水量不超过六千吨的轻型巡洋舰外，排水量万吨的装甲舰也不得超过六艘。英国海军部最近发现德国正在建造两艘袖珍战列舰，"沙恩霍斯特"号和"格奈森诺"号，其吨位远远超过了和约所规定的标准，而且型号也完全不同。它们实际上是排水量达两万六千吨的轻型战列巡洋舰，或者可称之为顶级商船驱逐舰。

这种违反和约的行为是经过了周密计划的，早在两年前（1933年）就开始了。面对德国人这种肆无忌惮、瞒天过海的违约行为，英国海军部竟然还以为可以通过订立《英德海军协定》来遏制德国军备。于是英国政府没有同它的法国盟友商量，也没有告诉国际联盟，就这样直接和德国订立了协定。在这个关键时期，英国一方面寻求国际联盟的帮助，谋求会员国的支持，一起声讨希特勒违反和约中的军事条款，另一方面却和德国私下订立海军协定，废除《凡尔赛和约》中的海军条款，真是表里不一。

《英德海军协定》的主要内容是规定德国海军舰艇的总吨位不得超过英国海军的三分之一。其实，战前的英德海军吨位比例就已经让英国海军部很满足了，相对于战前的十六比十，现在协定规定的是三比一，这无疑对英国海军部有着极大的吸引力。为了实现这一目标，英国轻信了德国表面上的保证，无视《凡尔赛和约》的明文禁令，允许德国建造 U 型潜艇。按照协定，德国可以建造的潜艇总吨位可达英国的百分之六十，如果德国认为发生了严重影响到德国国家安全的特殊情况，可将此比例提高至百分之百。当然，前提是德国要保证他们的 U 型潜艇永远不会用于袭击商船。既然他们的潜艇不会用来袭击商船，那他们为什么还需要建造潜艇呢？很明显，因为只要德国遵守了协定中的其他关于军舰的条款，德国建造潜艇这一要求不会影响英国海军的决定。

允许英德海军吨位之比为三比一的协定，让德国可以名正言顺地进行他们的造舰计划，因为就算德国造船厂开足马力至少也需要十年才能达到协定规定的英德舰艇吨位比例。因此这个协定并没有起到遏制德国海军扩充军备的作用，反而使德国可以在能力允许的情况下尽可能快地进行其造舰计划。事实上英国允许德国建造的舰艇限额已经大大超过了德国预期的数目。按照规定，德国可以建造五艘战列舰、两艘航空母舰、二十一艘巡洋舰和六十四艘驱逐舰。但实际上，战争爆发时德国已完成和接近完成的舰艇只有两艘战列舰、十一艘巡洋舰和二十五艘驱逐舰，还未来得及建航空母舰，舰艇总数还不及我们慷慨允诺的限额的一半。建造战列舰分散了德国一部分精力，只要德国集中力量建造巡洋舰和驱逐舰，本可以在 1939 年或者 1940 年与英国交战时占据上风的。我们现在了解到，德国当初之所以没有这样做是因为希特勒对雷德尔海军上将说，他预计到 1944 年或 1945 年他们才会和英军作战，所以德国制定了长远的海军发展计划。当时只有潜艇的建造数量达到了协定的限额。因为协定规定，当德国遇到特殊情况时，潜艇建造比例就可以达到百分之百，所以当德国的潜艇建造数额有机会超过百分之六十的限制时，他们就立即利用了这个规定。因而战争开始时，德国实际上建造了五十七艘潜艇。

由于德国既不是《华盛顿海军条约》的缔约国，也不是《伦敦海军条约》的缔约国，不受两大条约的限制，所以它在建造战舰方面更具主动权。当英、法、美等国受条约所限不能建造排水量超过三万五千吨的战列舰时，德国已经开始着手建造"俾斯麦"号和"提尔皮茨"号。这两艘都是排水量超过四万五千吨的巨舰，一旦完工，无疑将是世界最强战舰。

这个时候签订的《英德海军协定》也让希特勒在外交上尝到了甜头。一方面，这个协定让其中一个协约国轻易宽恕了德国的违约行为，希特勒可以以此来分裂瓦解协约国；另一方面，这个协定让希特勒获准可以放开手脚，大肆扩军备战。因此，协定的公布无疑是对国际联盟的又一打击。对此，法国表示强烈抗议，因为英国允许德国建造 U型潜艇严重损害了法国的利益。墨索里尼从这一事件中看出英国对其盟友并非坦诚相待，只要英国自己的海军得益，显然它可以不顾处于德国扩军备战威胁下的友邦死活，尽量迁就德国的要求。受英国这种背信弃义的自私态度所鼓舞，墨索里尼继续推行侵略埃塞俄比亚的计划。斯堪的纳维亚半岛的国家，两个星期前还在勇敢支持英国抗议希特勒在德国实行义务兵役制，现在却惊讶地发现英国居然违背初衷，暗中同意德国建立海军。这无疑让斯堪的纳维亚半岛的国家备感威胁，因为虽然德国海军只限定为英国的三分之一，但是这足够他们称霸波罗的海了。

德国提出建议想和我们合作，一起禁止潜艇的使用，对于德国的诚意，英国大臣们深信不疑。然而这个提议一定要经由其他各国同意才能生效。诚然，让其他各国都同意显然是不可能的，所以对德国来

说这种提议很安全，他依然可以堂而皇之地保有潜艇。德国之所以同意限制使用潜艇，赞同不得对商船进行不人道的袭击也是出于这种心理。在德国拥有了庞大的潜艇编队后，谁相信德国会眼看着自己国家的妇女儿童因为英国的封锁挨饿，放弃使用潜艇而坐以待毙呢？我觉得英国大臣们这么想简直可以形容为"十足受骗"。

这个协定不仅不会推进裁军政策的执行，假如付诸实施，过几年反而会助长全世界兴建新战舰的热潮。法国海军除了近几年建造的几艘战舰，肯定还要再造一些。法国建造肯定又会刺激意大利也跟着建造。我们英国呢，为了保持现代战舰对德三比一的优势，很显然也要大规模扩建舰队。也许在海军部看来，限制德国海军为英国的三分之一，实际上也就给了英国扩建海军的机会，让英国海军规模可以扩建为德国海军的三倍。这个方法的确可以让我们名正言顺地扩大海军规模，但是未免有些太晚了吧。此时我们的政治家在哪儿呢？为什么不出面扩大海军规模呢？

海军大臣博尔顿·艾尔斯·蒙塞尔爵士在1935年6月21日向议会宣布了《英德海军协定》。7月11日，我第一次有机会发表讲话，对这一协定进行批判。然后在7月22日，我又发表了一次讲话。两次讲话内容如下：

> 我认为英国与德国签署《英德海军协定》这一单方行动对世界和平无益。这一行动的直接后果就是让德国可以放心地扩军备战，其海军舰队的总吨位每日剧增，称霸波罗的海是迟早的事。再过不久，欧洲发生战争也在所难免。再说地中海方面，我觉得我们的情况也不容乐观。为了应对德国的扩军备战，法国肯定会加强其舰队的现代化建设。意大利看到法国这样做了，也会跟风建造。这样，各国都将建造一大批新型舰艇。鉴于此，到那时我们也不得不跟着扩建我们的舰队，不然就会影响到我们在地中海的地位。对于日本来说这简直是意外的收获！看看这个协定的后果吧。海军大臣说

过要"面对现实"。然而这个计划一旦完成，由于波罗的海和地中海的形势严峻，大部分英国舰队将被牵制在北海……

在应对德国海军复兴的问题上，我们既没有同我们的欧洲盟国磋商，也没有同和我们一样深受德国扩军备战影响和威胁的国家共进退，对此我深表遗憾。德国的扩军备战现在究竟到了什么程度已经无法精确估计了。现在我们已经看到德国造出了强大的军舰，其可怕程度远远超出了我们的预想，而且他们的造船工作一直在偷偷进行，我们的海军部完全被蒙在鼓里。我们还看到德国空军也取得了很大进展。我相信，如果能看到德国本年度财政开支的话，议会乃至整个大英帝国势必会惊讶地发现，德国用于扩军备战的开支是如此巨大。德国将这笔钱投入到全国各地进行战备建设，整个民族和国家正在变成一个巨大的军火库，战争一触即发。

*　　　*　　　*

为了回应国内和欧洲的种种批评，霍尔爵士在 1935 年 7 月 11 日受任外交大臣后的第一次演说中提出了不同的看法。在此也有必要提一下：

《英德海军协定》绝对不是一个自私的协定。我们绝不会订立一个对他国海军不利的协定。我们订立的海军协定都经过了深思熟虑，非但不会与总的海军军备条约相违背，反而会使其更加完备。海军的裁军问题向来与陆军、空军的裁军问题区别对待。据我所知，各国海军都是这样想的。

我们之所以会缔结这个协定，除了上述法律理由之外，我们还有个很重要的理由，那就是为了维护和平。我国的海军专家们认为，我们应该将这个协定视为保障大英帝国安全的协定。因为通过这个协定，我们可以遏制德国海军的军备

竞赛，这是战前人们所深恶痛绝的。这个机会真是千载难逢。顺便说一下，在会谈中，德国政府还发表了一个很重要的声明，承诺他们的潜艇将永远不会用于袭击商船。战时这些潜艇曾让商船闻风丧胆，这样一来就没什么好怕的了。此外，我们相信此时订立这个协定恰到好处，让他国海军也能从中受益，包括法国在内。……现在法国舰队的规模和我国舰队的规模大致相当，所以通过这个协定，法国舰队在规模上可获得对德的永久性优势，永远比德国大百分之四十三。而在战前，法国舰队规模比德国还小百分之三十……所以我有理由相信，当世界各国平心静气坐下来审视这个协定的结果时，大部分渴望和平支持限制德国军备的国家，不仅会说英国政府做出了一项明智之举，而且都会赞同当下的确只能这么做。

事实上，这么做无非只是让德国在今后五六年中可以放开手脚扩军备战罢了。

*　　*　　*

与此同时，陆军方面，1935 年 3 月 16 日德国宣布重新开始实行义务兵役制，标志着德国开始从根本上对《凡尔赛和约》发起挑战。德国不仅从技术层面对德国防卫军进行扩充和重组，还重新明确了这支处于纳粹领导下的军队的全部职能。德国曾秘密训练了一批专门人才，1935 年 5 月 21 日生效的《义务兵役法》旨在让其中的技术骨干进入军队，以加快德国的扩军备战步伐。此后，德国防卫军更名为德国国防军。元首是德国国防军的最高统帅。与以往不同的是，每个士兵不再对宪法负责，而是效忠于希特勒个人。陆军部直接听命于元首。根据《义务兵役法》，兵役成了一项国民义务，而军队的主要职责是对国民进行教育，从而最终实现全国人民的团结。对此，这部法律的第二条明确规定："德国国防军是德国人民的武装力量及军事教育学校。"

希特勒在《我的奋斗》一书中曾写过这样一段话，上面种种无疑是这段话在现实中的合法体现。他这样写道：

> 未来的国家，不应当重蹈以前的错误，让军队承担一些它所没有或者本来就不该有的职责。德国的军队不应该教人民怎样维持国内各民族的独特性，而是应该教全体德国人民学会互相理解和包容。如果国内存在妄图分裂国家的因素，应通过使用军队维护国家统一。军队还应该引导年轻人拓宽他们的视野，让他们不再着眼于自己的小乡村，而是放眼整个大德意志帝国。他们一定要懂得维护祖国的领土完整，而不只是在意自己家乡的那一小片土地，因为祖国的领土才是他必须要保卫的东西。

基于以上想法，这部法律规定德国将实行新的陆军编制。首先，在柏林、卡塞尔、德累斯顿设立三个司令部，陆军由三个司令部分别统辖。其次，陆军被划分为十个军区（后增至十二个），每个军区驻扎一个军，每个军由三个师组成。此外，陆军还计划要新设一些装甲师，这个计划出台后不久德国就成立了三个装甲师。

这部法律还规定了义务兵役制的细则。新政权将对德国青年进行军事化管理视为第一要务。在德国，男孩子们首先要参加希特勒青年团，到了十八岁可自愿选择参加两年的冲锋队。1935 年 6 月 26 日颁布的《帝国义务劳动法》又规定每个年满二十周岁的德国男性公民都必须参加劳动营。他们在劳动营必须进行为期六个月的体力劳动，以此为国家服务，劳动内容包括修筑道路、建造兵营以及填平沼泽。通过这些劳动，让每个人在身体上和精神上都能够履行德国公民的最高义务——服兵役。在劳动营中，强调要不分阶级，加强德国社会各阶层人民的团结。在军队中，则强调要有铁的纪律和坚决维护国家的领土完整。

德国前防卫军总司令塞克特曾经提出要在陆军中培养新生力量，发掘更多骨干人才，现在这一重要任务要开始付诸实施了。1935 年 10 月 15 日，希特勒又一次公然违反《凡尔赛和约》的规定，恢复了德国柏林军事学院，他和三军将领一同出席了开学典礼。这个柏林军事学院就好比是金字塔的塔尖，而无数的劳动营则构成了整个金字塔的基础。1935 年 11 月 7 日，第一批青年应征入伍，他们都出生于 1914 年，共计五十九万六千余人。他们将在军队中接受职业化训练。这些青年的加入，至少在纸面上，让德国陆军一跃成为一支拥有七十万人的虎狼之师。

　　启动军队的训练工作之后，为了满足这支国家新军的发展要求，下一步就是要筹措资金，改良装备，振兴德国工业。为了实现这一目的，希特勒秘密下令，任命沙赫特博士为军事经济全权总办，这让沙赫特博士成了德国经济领域的实际掌权者。现在塞克特的建军设想进入了试验攻坚阶段。摆在德国面前的有两大难题，一是扩充军官队伍，二是培养专业兵种，如炮兵、工兵和通信兵。截至 1935 年 10 月，德国组建了十个集团军。一年之后，又组建了两个集团军。1937 年 10 月，集团军数量增至十三个，就连警察也被编入了军队。

　　德国人知道，第一次世界大战期间人口出生率降低，在 1914 年出生的那批青年应征入伍之后，随后几年的入伍人数将逐年减少，法国也面临同样的问题。为了应对这一情况，1936 年 8 月，德国将服兵役的期限延长为两年。1915 年出生的入伍青年有四十六万四千人，由于 1914 出生的那批兵员服役期延长了一年，这样加起来，1936 年在军队中接受军事训练的人数可达一百五十一万一千人，这还不包括半军事化管理的纳粹党员和劳动营成员。相比于德国，法军同年不含后备军共有六十二万三千人，其中只有四十万零七千人驻守法国本土。

　　截至 1935 年，就连法国军队的实力及其后备军的规模都尚不能与德国比肩，更别提其他盟国了。就算事情发展到这一步，其实还很简单，只要国际联盟凭借其权威，果断做出决定，本来可以阻止事态的发展。国际联盟可以将德国传召到日内瓦的国际法庭，请其做出详细解释，然后组织协约国联合调查团对德国扩军备战违反和约的事实进行调查。如果德国胆敢不从，就立即派兵重新占领莱茵河桥头堡，直到德国同意严格遵守和约为止，这样完全不会遭到德国的有力抵抗，也不可能造成流血冲突。那么便能阻止第二次世界大战的爆发，或者至少无限期推迟战争的爆发。虽然英法两国的参谋人员对当前形势和事态的总体趋势都了如指掌，两国的政府也多少有些了解，但是都没有据此采取任何有力行动。其原因主要是法国方面一直陷入政党间的权力斗争，内部无法形成统一意见；而英国方面则正相反，虽然政府内部团结统一，但是全都同意保持现状。当然，按照常理来讲，他们这样小心谨慎的确是无可厚非，而且也没有违背和约的要求。总之，尽管法国政府没有迫于盟友的压力完全接受裁军的要求，依然保有较多的军队，但是和它的英国盟友一样，都缺乏胆识，难以采取任何有效措施来阻止当年塞克特所说的"德国军事力量的复苏"。

第九章

NINE

防空和海上的问题

德国的军事讹诈——会见鲍德温先生和首相麦克唐纳——地面与空中的较量——沃森·瓦特教授和无线电回波——我和海军部的接触——新战列舰的设计问题——不幸的后果——访问波特兰港

技术因素很大程度上能左右我们未来的安全局势，所以在此有必要也提一下空军和海军的技术发展。为了便于叙述，本章内容的时间跨度设定为战争爆发前的四年。

丧失空中力量的均势之后，我们很可能会遭到希特勒的军事讹诈。当时德国违反和约建立了一支强大的空军，如果我们能及时采取措施，建立一支比德国还强一半，甚至强一倍的空军力量的话，掌控未来局面本不成问题，哪怕我们的空军力量能和德国势均力敌也好。没人会说这有什么侵略性，这可以增强我们抵御外侮保家卫国的信心，让我们在外交上更有底气，同时为我国空军发展奠定一个良好的基础。然而，后悔于事无补，空中均势终究是一去不复返了。我们为恢复均势而做出的种种努力也都付诸东流。飞机这种武器在上一次战争中发挥了很重要的作用，我们现在这个时代更是如此，人们对于它的痴迷程度丝毫不减，它日益成为左右战局的首要因素。英国的大臣们很担心如果我们与德国的大独裁者希特勒撕破脸皮，德国空军可能顷刻间就会让伦敦尸横遍野，化为一片废墟。尽管这样的顾虑不只是大英帝国才有，但是这样的顾虑的确会影响我们的政策，进而会影响全世界。

1934 年夏，林德曼教授写信给《泰晤士报》，在信中他指出防空研究方面很可能会产生具有决定性意义的研究成果。同年 8 月，我和林德曼教授不仅提醒正刻苦钻研的英国空军部要加强这方面的研究，

还提醒政府的官员们也需引起重视。9 月，从戛纳去往埃克斯累班的途中，我们同鲍德温先生进行了一次愉快的交谈。在谈话中，他对防空技术研究表示出了浓厚的兴趣，我们也借机提出希望对此进行更深入的研究。然而，当我们回到伦敦时，由于空军部财政困难，这件事被搁置了下来。1935 年初，空军部成立了一个由多名科学家组成的专门委员会，他们奉命探索防空技术未来的发展前景。我们依然记得鲍德温先生 1933 年发表的那场令人印象深刻的演讲，他声称，空军部的研究表明，防空完全不可能。"不管怎样，轰炸机总能设法穿过防线。"鉴于此，我们并不看好空军部的专门委员会。我们认为这项研究应该由帝国防务委员会接手，因为那里有政府高层，他们作为这个国家最有权力的政治家，可以有效监管该机构的运作，确保足够的研究经费。在此期间，奥斯汀·张伯伦爵士也和我们站在同一战线，我们时不时就防空技术的研发问题向大臣们进言。

终于在 2 月份，麦克唐纳先生亲自接见了我们，我们当面向他提出了看法。因为我们之间并不存在什么原则性分歧，所以当我指出防空技术可以促进和平稳定时，首相对此深表赞同。我说只有打消平民心中对于空袭的忧虑，才能减轻全世界对于战争的恐惧。这时候麦克唐纳先生的视力似乎已经很糟糕了。他面无表情地凝视着窗外议会大厦的庭院，向我们保证他打算强硬起来，克服空军部的阻力。然而空军部向来不喜欢外人或者上级插手他们的事务，所以有一段时间，局面僵持毫无进展。

为了推动防空技术的研发，1935 年 6 月 7 日，我在下议院提出了这个问题，我说：

　　　　从它的性质来看，防空技术研究主要是一个科学问题。它的研究范畴是通过发现、发明、采用一些方法，让陆地能够控制天空，确切地说，是让地面上的防空部队掌控——我指的是真正掌控——高高在上的飞机的动向。我的经验告诉我，当军方和政府详细说明需要怎样的技术时，科学总能有所产出，来满足他们的需求。以前，人们都说捕捉潜艇的踪影是一件根本不可能的事，但我们最终还是找到了破解方法，让我们可以对水下的潜艇进行压制。解决这个问题不一定比击落入侵的飞机难多少。许多以前认为技术上不可能的东西在第一次大战中都已经实现了。之所以能产生这样的效果，主要是因为研发者的耐心、恒心，当然还有最重要的一点就是战争情况下各种需求的刺激，这些因素让人们的头脑更加灵活，让科学更快地响应实际需要……

只是到了20世纪，人们才开始逐渐接受并鼓励这种通过恐吓手无寸铁的平民、屠杀妇女和儿童来迫使敌国就范的卑劣行径。这并不是哪一个国家引起的，而是一种普遍行为。如果可以发明一种地面装置来掌握轰炸机的动向，那么便可以使各国远离战争的威胁，消除一直萦绕在他们心头的恐惧和疑虑，让他们都能倍感安心……对于我们自身来说，我们一方面担心大城市的平民受到袭击，因为就这一点来说，我们是世界上最易受攻击的国家；另一方面，我们还担心我们的造船厂和其他技术设施受到攻击，因为它们一旦被毁，我们防务的主要力量——海军舰队也将陷入瘫痪，甚至全部覆灭。因此，推动防空技术的研发不仅是为了全世界的利益，消除引发疑虑和战争的罪魁祸首，也是为了英国自己能够恢复岛国往昔的安宁。基于上述两个目的，我们国家和政府的最高领导人应该给予高度重视，并且在英国的科学技术和国家财力可承受的范围内，调动一切资源来推动防空技术的研发。

第二天，正如前一章所提到的，内阁进行了人员调整，鲍德温先生出任首相，菲利普·坎利夫·利斯特爵士接替伦敦德里勋爵出任空军大臣，并在此后不久晋升为斯温登勋爵。一个月后的一天下午，我正在下议院的吸烟室，这时鲍德温先生走进来，在我身旁坐下对我说：

"我有个提议给你，坎利夫·利斯特非常希望你能参加新成立的帝国防务委员会的防空研究会，我也希望你能参加。不知你意下如何。"我回答说，鉴于我喜欢评论空军的战备，所以必须保持行动自由，委员会可能不适合我。他说："这点我们可以理解。在委员会中除了要保守一些秘密之外，请放心，你当然可以拥有绝对的行动自由。"

我提出了一个条件：把林德曼教授也加进来，我才愿意参加，至少要让他加入委员会下设的技术小组，因为我需要他的帮助。过了几天，首相来信说：

> 我很高兴你已经见过汉基先生了，关于你的那封信，我理解为你已经愿意参加到委员会的工作中来了。
>
> 对此我真的很高兴，我相信你在这项极其重要的研究中一定能帮上大忙。
>
> 在委员会中，你当然可以像空气一样自由（在这个场合这大概是最合适的表述了），不管是政策、计划，还是其他与空军有关的东西，你都可以对其中的一般性问题发表意见。
>
> 我邀请你加入不是为了堵住你的嘴，而是希望对我的老同事表示一下友好。
>
> 1935 年 7 月 8 日

因此，之后的四年里，我便参加了委员会里的各种会议，使我对我国防空工作这一重要领域有了更全面的了解。在这几年中，我经常同林德曼教授就这些问题进行讨论交流，逐渐形成了自己的看法和见解。当时，我刚一到任就立即为委员会拟写了一份分析报告。这份分析报告的内容里没有什么官方数据，全都基于我精心整理的想法和见解。这些想法和见解出自我与林德曼的交谈和研究，还有我自己的军事理念。这份分析报告之所以会引起别人的兴趣，主要是因为它阐明了 1935 年 7 月的形势。那时候，还没有人想到可以用无线电来为轰炸机导航，加之短时间内训练大批能独立飞行的飞行员又很困难，所以当时夜间飞行的通行办法是由几架轰炸机在前面带领大批飞机一起飞。后来在国家濒临绝境前的四年里，许多新的研究领域都取得了巨大进步。而且与此同时，轰炸机无线电导航技术的应用也对战术的使用产生了深远影响。因此，当初这份分析报告中的很多内容后来都被更先进的理念所取代了。不过，我当权时依然尝试了很多，当然并非所有的尝试都成功了。

因为开会在即，这份分析报告难免有些仓促，敬请各位多多包涵，希望它能促进我们各自的思想相互融合，不断趋于完善和成熟。

战术理念决定技术的发展方向，技术的发展也可以影响战术理念的制定。因此我们有必要让科学家知道我们的空军需要什么样的装备。飞机的设计一定要符合作战计划的要求，并能确保作战计划的顺利实施。

在目前这个阶段，我们有必要先做出一个合理的战争假设，即英国、法国、比利时三国联盟会遭到德国的攻击。

战争爆发后，首要任务是尽快调动欧洲大陆的军队。由于德国的机械化部队和摩托化部队会利用其机动性先发制人，我们调动军队可能会受阻，至少需要两个星期才能完成调动。法国和德国参谋部将会集中考虑军队的集结和部署问题。毕竟在第一波攻势中，谁都不想落于下风。我估计两三年内，德国应该尚未做好打这场战争的准备。因为在这场战争中，陆军和海军都将发挥重要作用。然而，目前德国的海军未成气候，没有取得波罗的海的制海权，而且重炮数量好像也不足。要想建立一支强大的海军，补充重炮的数量，训练出合格的士兵起码需要耗费几年时间，并非短短几个月内就可以实现。

德国大部分军工企业都集中在鲁尔地区，很容易遭到敌国的轰炸。德国人肯定明白他们许多重要的军用物资（铜、

钨、钴、钒、汽油、橡胶、羊毛等）都依赖国外进口，一旦战争爆发，这些供应将会被切断。另外，如果没有取得波罗的海的制海权，铁矿石的供应也会减少。因此他们目前并不具备发动长期战争的能力。不过，他们也采取了很多措施来克服这些困难，例如把一些工厂从边境迁往德国中部、大力进行合成汽油和人造橡胶的生产并大量囤积物资。尽管如此，在 1937 或 1938 年以前，德国显然不太可能贸然发动这样一场需要三军并用、可能持续几年的战争，况且它在战争中又不会有多少盟国。这时发动战争获胜希望基本为零。

在这样的战争中，英法空军的首要任务应该是先摧毁敌方的交通线，如他们的铁路、公路、莱茵河上的渡桥以及高架桥等。这样可以最大限度地阻碍德国的兵力集结和军火运输。其次就是要集中火力对他们的各种军工厂进行打击，这简直是易如反掌。似乎可以肯定地说，如果在发动进攻的时候我们集中注意力打击敌方的关键目标，那么后面在对待敌方军队的时候也应采取类似策略。另外，在广袤的陆地战场上，法国陆军将会畅行无阻，掌控战场主动权。这样，德国本打算用来对英法平民进行恐怖空袭的飞机数量就会显得捉襟见肘，不得不顾忌整个战局而谨慎使用。

即便如此，我们一定要有所准备。首先，在这场三军联合的战争里，德国为了考验政府和人民抵抗的意志，一定会千方百计重点轰炸伦敦和其他容易袭击的大城市，让平民陷入水深火热之中。其次，伦敦港和攸关舰队命运的造船厂也可能会是他们重点袭击的目标。

不管怎样，德国政府也许会天真地以为，通过大规模暴力空袭就可以在短短几个月内甚至几周内使一个国家屈膝投降。震慑心理的战术往往对德国人有着异乎寻常的吸引力，至于这种战术思想是对是错就另当别论了。如果德国政府真的这样想，觉得只要抢在盟军调兵遣将发动进攻前，发动大

规模空袭摧毁城市、屠杀平民就能迫使我们投降，那么在战争一开始时我们很可能只需要应付德国空军。抛开法国，不用多说，英国绝对是这种攻击策略的最佳牺牲品。因为英国的反击手段除了空袭德国城市作为报复之外，就只剩海军封锁了，然而海军封锁在相当长的时间之后才能见效。

因此，如果我们能对德国空袭进行有效的限制或遏制的话，就可以粉碎德国妄图以发动恐怖空袭来削弱我方士气的阴谋，让这种可能性（恐怕是不切实际的）不复存在。这样，从长远来看，要想取得战争最终的胜利还是要依靠陆军和海军。我们越重视防空，就越能有效遏制德国依靠空战取胜的企图。

1935 年 7 月 23 日

* 　 * 　 *

对此，我提出了一些想法。不要忘了，那是在 1935 年，四年之后无线电侦测技术才出现。

* 　 * 　 *

委员会的工作是秘密进行的，所以我和政府的关系一直不曾公之于众，因此才能得以保持自由，继续抨击其他政府部门。在英国，经验丰富的政客们对此早就见怪不怪了。有时政见上再严重的分歧，也根本不会影响人与人之间的友谊和私交，而科学家之间就没那么包容了，他们更像是冤家。1937 年，林德曼教授和技术小组里的其他科学家发生了严重分歧。我经常与林德曼教授亲密交谈并总向委员会推荐他的观点，这引起了其他同事的不满。他们认为只有蒂泽德爵士才能代表他们的集体意见，才有权力向委员会汇报工作。因此，他们强烈要求林德曼教授退出技术小组。林德曼教授向我提供一些讨论的素材，这点无可厚非。而且允诺林德曼教授加入技术小组是我答应参加委员会的前提条件。尽管最终他退出了技术小组，但是为了公众利益，我还是选择继续留下来，他也极力劝我留下。1938 年，我又使他官复原职，这点在下面我将会提到。

＊　　　＊　　　＊

无线电波有一个特性，遇到飞机和其他金属物体就会反射回来。20 世纪 30 年代，英、美、德、法有很多人想利用这个特性来探测飞机的踪迹。我们把这种技术称为无线电探测定位技术，后改称为雷达。这种技术是通过反射回来的无线电波，而不是靠人类的感官如眼睛或耳朵来侦察敌机的动向。在距地面大约七十英里的高空，存在一层反射电波的大气层（电离层），它可以阻止普通的无线电波消失在太空之中，这使长距离无线电通信成了可能。近年来我国科学家一直积极研究如何利用无线电波来探测电离层，其中尤以阿普尔顿教授为甚。他们向空中发射短促的脉冲，然后观察反射回来的信号，从而对电离层进行研究。

1935 年 2 月，在政府担任研究工作的科学家沃森·瓦特教授率先向技术小组说明：通过无线电波的回波来侦测敌机方位是可行的，并建议进行试验。委员会对此非常重视。之前人们都以为，要想研发出能侦测五十英里范围内敌机方位的技术，至少需要五年时间。1935 年 7 月 25 日，在防空研究委员会举行的第四次会议上，蒂泽德就无线电定位技术向大会做了报告。这也是我进入委员会以来参加的第一次会议。报告中指出，初步试验证明可以采取下一步行动，对这项技术进行进一步研究。于是军队各部门奉命开始制定下一步的计划。他们成立了一个专门机构，并在多佛尔—奥尔福德纳斯地区设立了一系列的链向雷达站，以做试验之用。他们也开始研究如何利用无线电定位技术来侦测船舶的位置。

截至 1936 年 3 月，南部海岸的雷达站尚在建造和装配之中，有望

在秋季进行试验。因为夏季建筑工期有所延误，并且出现了敌方电台的干扰问题，所以试验时间只能推迟到秋天。1937 年 7 月，空军部提议，计划于 1939 年底前在怀特岛至提兹河一线设立二十个链向雷达站，总投入超过 100 万英镑。此项计划得到了防空研究委员会的批准。侦测飞入内陆地区敌机位置的试验也在进行之中。截至 1937 年底，我们已能侦测到远至五十六点三千米、上至一万米高空范围内的敌机，船舶侦测技术也有了较大进展。研究证明机载雷达可以侦测到九英里范围内的船舶。本土舰队中有两艘舰艇已经装备了舰载雷达，用以侦测敌机方位。科学家们也开始研究如何将雷达用于飞机测距、高射炮火控和探照灯定向等方面，这些试验都在如火如荼地进行之中。总之，各项工作进展顺利。到 1938 年 12 月，计划中的二十个新雷达站，已经有十四个装上了临时设备，可以正常运行。机载雷达对船舶的侦测范围已经扩展至三十英里。

1939 年，空军部利用波长相对较长的无线电波（波长为十米）建成了所谓的海岸链向雷达网。它能使我们侦测到距海岸六十英里海域内的敌机动向。在皇家空军战斗机司令部道丁上将的命令下，空军部建立了一个精密的电话通信网，以此把所有的雷达站都连接起来，然后在阿克斯布里奇设立了中央指挥所。指挥所可以将雷达侦测到的敌机动向标注在一张大地图上，然后指挥官可以据此指挥我方战机的行动。此外，空军还研发了一种敌我识别装置，这种装置可以让海岸雷达网把装有这种装置的英国战机同敌方战机区别开来。后来由于发现现有雷达站不能侦测到贴近海面低空飞行的敌机，为了应对这种危险，我们又增设了一组新的雷达站，作为现有雷达站的补充，称为低空链向雷达站。这组雷达使用波长更短的无线电波（波长为一点五米），虽然可以消除现有雷达的盲区，但是有效侦测范围要比现有的雷达站短得多。

为了搜寻进入内陆地区的敌机，我们同时也启用了皇家防空侦察队。侦察兵只用眼睛和耳朵来工作，然后通过电话网将他们连接起来，以及时反馈侦察结果，这一举措后来被证实很有效。在不列颠空战的

早期，皇家防空侦察队是我们防空的主要力量。但是，仅能侦测到从海上来的敌机还是不够的，尽管这可以让我们提前至少十五到二十分钟发出预警。我们还要利用雷达为战机导航，以便在我们的国土上追踪并截击来犯之敌。为了达到这一目的，我们又建造了一些新的雷达站，给它们配备了地面控制截击系统。不过所有这些雷达，在战争爆发时都只是初具雏形。

*　　*　　*

德国人也没闲着，1939 年春，"齐柏林伯爵"号飞艇飞临英国东海岸上空。德国空军通信部部长马蒂尼将军预先在飞艇上装备了特殊的侦听设备，以探测英国是否有雷达。但不知什么原因，他们居然一无所获。如果他们的侦听设备正常工作的话，"齐柏林伯爵"号飞艇本应该可以大胜而回，把我们有雷达这个消息告诉德国军方的，因为当时我们的雷达站不仅正常工作，而且侦测到了他们的活动，并猜到了他们的企图。不过就算德国人侦听到了我们的雷达脉冲，他们也不会感到惊讶，因为他们早就研发出了一套先进的雷达系统，在某些方面更胜我们一筹。真正能让他们感到惊讶的是我们的雷达技术已经进入大规模应用阶段，一旦这些雷达站相互连接，将形成一个完备的防空系统。在这一点上，我们已经达到世界领先水平。我们的成就并不在于我们的雷达技术多么先进，而在于我们能将雷达技术快速投入使用。

防空研究委员会的最后一次会议于 1939 年 7 月 11 日举行。当时在朴次茅斯到斯卡帕湾一线，我们已经建成了二十个雷达站，可以有效侦测到五十至一百二十英里范围内飞行在一万英尺上空的飞机。我们还研发了一种效果不错的雷达波抗干扰器和一种简便的敌我识别器，并也已正式投入生产。此外，各种相关的飞行试验也正在进行之中，包括一种可以引导飞机追踪敌机的机载装置。机载船舶侦测雷达由于太过笨重，不适宜在飞机上使用，因而交给了海军部，以便研究它能

否在舰艇上使用。

＊　　＊　　＊

　　最后我还要提一件事。1939 年 6 月，受空军大臣之托，蒂泽德爵士邀我一起去视察东部海岸雷达设施的建设情况。我们乘坐一架相当简陋的飞机，整整飞了一天。事后，我将我的所见所闻反馈给了空军大臣，现特附在这里，因为各位读者从中可以看到我们视察前那里的雷达设施的建设情况。

　　丘吉尔先生致金斯利·伍德爵士：

　　　　……在蒂泽德爵士的带领下，我到马特累斯汉和波德塞走了一趟，这趟旅程非常有趣也很振奋人心。在此仅谈一下我的一些想法，或许会有所帮助。

　　　　这些雷达站很重要，应该立即采取一些保护措施。起先我们觉得可以建造两倍乃至三倍的伪装站来迷惑敌人，这个方案花费不大，但后来考虑了一下，觉得或许使用烟幕会更好一点……

　　　　现在的雷达设施虽然已经发展得很好了，但还是有一个弱点，那就是当敌机越过海岸脱离海岸雷达的侦测范围后，我们就只能依靠防空侦察队了。这好像让我们从 20 世纪中叶一下子退回到了石器时代早期。虽然我听说防空侦察队也发挥了很大的作用，但是当务之急，我们还是要赶紧考虑如何利用雷达来追踪进入内陆地区的敌机。因为让雷达站的天线转向覆盖内陆地区还需要一段时间，而且只有当空中战场拥挤不堪一片混乱时，才能这么做……

　　　　雷达技术的发展，尤其是在测距方面的应用的确也为海军带来了福音。它让海军在能见度极差的情况下与敌军交战成了可能。1914 年，德国的战列巡洋舰在攻击斯卡巴勒和哈特尔普尔时，如果我们能看穿大雾，德国舰船的命运可能就会截然不同了。不过我不明白为什么海军部对这项试验一点也不关心。蒂泽德爵士也指出，雷达技术可以让驱逐舰和潜艇不论昼夜和能见度情况如何，都能准确发射鱼雷，这具有很大的价值。我本来还以为既然这事很重要，对我们有百利无一害，那应该早就开始进行了。

敌我识别技术对海军也很有帮助，它可以完全替代现有的敌我识别信号法，降低了风险。我想海军完全清楚这一点。

最后，我想说我们的防空技术已经取得了长足进步，这确实可喜可贺。在维护我国安全的道路上，我们已经迈出了坚实的第一步。我们还想走得更远，可惜留给我们的时间不多了。

就是凭借上述这些鲜为人知的方法，我们在很大程度上挫败了1940年秋冬两季德国对英国的攻击。对此，我将在后文进行详细说明。毫无疑问，在斯温登勋爵及其继任者的领导下，空军部和防空研究委员会功不可没，他们的成果有力地支援了我们的战斗机作战。1940年，那时候重担全落在我的肩上，当时国家存亡完全取决于空战的成败，我之所以能以一个门外汉的视角来从容应对空战中的各种问题，全都归功于我这四年来对于各种军事技术资料的研究和思考。在这些技术问题上，虽然我从来没有想过要深入研究，但是其中的思维模式却让我豁然开朗。因此，我得以对棋盘上的每一个棋子及它们的动向都了如指掌，当别人和我交流相关问题时，我也能完全了解。

*　　*　　*

这几年里，我一直和海军部保持密切的接触。1936年夏，霍尔爵士出任海军大臣。他特别准许海军部的官员可以同我讨论海军事务。这正中我下怀，我向来对海军事务很感兴趣，因此我也可以好好利用这个机会。另外，早在1914年我就认识了现任第一海务大臣查特菲尔德海军上将，当年他在战列巡洋舰队司令贝蒂手下任职。1936年，我和他开始有书信往来，在信中我们常常会讨论一些海军问题。我还与现任第三海务大臣兼海军审计官亨德森海军少将有着多年的交情，他负责处理舰艇设计建造中的各项事务。1912年，那时他是我们海军中最好的火炮专家。当时担任海军大臣的我，经常去看战列舰火炮承包商交货前的试炮，我对他的工作评价很高。尽管我同他俩都有意见分歧，并且经常严厉批评他们的工作表现，但是这丝毫没有影响我们的交往。这两位身居高位的将军依然对我极其信任，对于我的行为从不抱怨也从不反击。

海军航空兵部队究竟该归海军管辖还是该归空军管辖，这个问题在这两个部门和军种间一直颇具争议。在这个问题上，双方的确都有道理。我赞同将海军航空兵部队划归海军管辖，并把这个提议在议会提了出来，为此，第一海务大臣给我写了一封热情友好的感谢信，并在信中提到了现有海军政策的全部问题。当托马斯·英斯基普爵士到恰特韦尔看我时，问我对这个问题有什么看法。针对这个问题，我拟了一份建议书给他，最终政府几乎一字不落地按照这份建议书执行了。

*   *   *

当政府终于决定开始建造战列舰时，我对这个问题也表示了极大的关心。当时除了"纳尔逊"号和"罗德尼"号是一战后建造的以外，皇家海军所有的战列舰，实际上都是在1911—1915年我主持海军部期间设计建造的。我曾在《世界危机》一书中详细描述了我第一次任海军大臣期间重建海军的全部过程，以及建造"伊丽莎白女王"级快速战列舰的经过。通过我的统筹协调，我能充分发挥费希尔勋爵的卓越才能和奇思妙想。虽然在战列舰的设计上我会参考许多海军专家的意见，但是我一直有我自己的想法并且有坚定的立场。

当我听说内阁已经批准了一个战列舰建造方案时，我立即断言我

们的新战舰应该继续装备十六英寸口径火炮，而且根据和约中三万五千吨排水量的限制——只有我们严格遵守合约——我们应该可以加装三个十六寸口径火炮的炮塔。我和霍尔爵士进行了几次商谈和书信往来。其中提到的方案和论点都不能使我信服，因此我在下议院提出应该把十四英寸口径火炮和十六英寸口径火炮齐射时的后坐力进行比较，以作进一步考虑。他们提供了以下数据供我参考：

> 九门十四英寸口径火炮齐射后坐力：六点三八吨
> 九门十六英寸口径火炮齐射后坐力：九点五五吨
> 其中十六英寸口径火炮的数据并不是根据现有"纳尔逊"号上的十六英寸口径火炮，而是根据美国人设想的一种十六英寸口径火炮计算出来的。美国人打算把这种火炮用于他们的新型战列舰。

我被十六英寸口径火炮齐射的优越性能深深折服了，因此写了一封信给霍尔爵士。

> 爵士：
> 　　非常感谢您能对我的意见给予重视，对此我深感荣幸。我之所以会坚持采用十六英寸口径火炮，显而易见我是有理由的。关于要不要采用十四英寸口径火炮的争论由来已久，我认为这没什么好说的。要知道，这次依然只有我国舰艇的吨位因为各种条约的关系而受到了限制，所以我相信同为三万五千吨级的军舰，不管在船上装几门十四英寸口径火炮，其威力绝不可能比装有三座十六英寸口径火炮三联装炮塔的军舰强大。装有十六英寸口径火炮的军舰不仅看起来更胜一筹，在参数上也是如此。每个人，包括在舰上服役的人都会觉得这样的军舰才是海军的实力担当。别忘了，与我们口径相同的德国大炮可以发挥出更加强大的火力，他们的炮弹比

我们的重，而且射得更远更准。为了应对这种情况，我们只能采用十六英寸口径火炮。十六英寸口径火炮不仅大大增加了齐射时的后坐力，而且炮弹威力要比十四英寸口径火炮大得多。如果这样的大炮可以穿透装甲，那么在炮弹的爆炸力上再下些功夫也是值得的。

另一个问题是关于炮塔的数量。假设每座炮塔重两千吨，如果装三座炮塔其威力就可以超过德国，那么装四座炮塔完全就是浪费。如果只装三座炮塔，我们就可以节省更多吨位，加装更厚的装甲，用以抗击炮弹和鱼雷。另外在甲板上也可以腾出更多位置加装高射炮。如果你向你的部下要一张装有十六英寸口径火炮的军舰图片，你会看到相比于十四英寸口径火炮的军舰，这种军舰的布局是多么的合理。当然，对于射击控制、炮弹散布等问题，我就一窍不通了。不过，我觉得轮番进行四五次齐射，应该可以获得比较好的射击效果。

假如我是海军大臣，我怎么也不会接受十四英寸口径火炮的方案。如果海军部现在就开始造两艘十四英寸口径火炮的军舰，而几个月后却发现美国和日本却紧锣密鼓地建造装有十六英寸口径火炮的军舰，他们肯定会觉得自己是多么的愚蠢。我觉得还是应该慎重考虑，要知道每艘军舰要花费七百万英镑，如果不慌不忙地造完后却发现这两艘军舰居然不是世界上最强的，那可真就太糟糕了。别忘了，老费希尔常说："英国的海军，总是世界一流的海军。"

不过，以上都只是我的预测而已！这些想法我以前已经深思熟虑了好久，否则也不会贸然向您提出。我一定会按照您的建议和查特菲尔德谈谈。

1936 年 8 月 1 日

海军大臣不仅对我的意见毫无反感，而且还与我互通了好几次书信。我也同他和第一海务大臣进行了几次交谈。1937 年 5 月底，霍尔爵士在离开海军部前，给了我两份海军参谋部的分析报告：一份是关于战列舰问题的，另一份是关于巡洋舰问题的。对于战列舰的设计，海军部是这样解释的：自从《华盛顿条约》以来，英国出于经济考虑，一直主张降低军舰吨位和火炮口径。碍于此，当 1936 年政府终于批准建造新军舰时，海军部不能无视条约规定，只得把军舰吨位限制在三万五千吨，将火炮口径控制在十四英寸。当时我们尚不知晓其他大国会不会遵守条约和服从限制，他们的行为将会决定未来几年的设计走向，而"英王乔治五世"级战列舰的设计不得不尽快开始。"英王乔治五世"级战列舰的炮塔事实上已经在 1936 年 5 月份就开始制造了。如果海军部推迟到 1937 年 4 月的话，那么到 1941 年就只能造好两艘，而并非之前计划的五艘。如果其他大国最终逾越《华盛顿条约》的限制，1938 年开工的那批军舰就可以采用较大的吨位和火炮口径，它们将于 1942 年完工。

然而，如果我们最后被迫选择建造各项性能都完全平衡的十六英寸口径火炮的军舰，同时又要继续保留之前"英王乔治五世"级战列舰的坚固结构和其他特性，那么军舰的吨位无疑将会大为增加。这样我们的军舰便不能通过巴拿马运河，每艘军舰的造价将会上涨，同时还得扩建船坞。海军部对我的提议表示赞同，十六英寸口径火炮方案共包括三座炮塔九门火炮，而十四英寸口径火炮方案共包括四座炮塔十门火炮，前者的威力的确要优于后者。此后他们设计的所有战列舰，均采用三座"多联装炮塔"式设计。

在研读完这份文件之后，我意识到我们不能再犹豫要不要扩大前五艘战列舰的火炮口径了，扩大火炮口径势在必行。虽然政府已经做出决定在"英王乔治五世"级战列舰上安装十四英寸口径火炮，这已经不能更改，但我还是要提出，为了以防万一，应该尽早设计好大口径火炮和炮塔，此外还要准备好必要的工具和设备，以便炮厂能够制造更大口径的火炮，即便花费巨额费用也在所不惜。

当我与海军部讨论战列舰的设计时，我还不知道他们已经设计好了，决定采用十四英寸口径四联装炮塔设计方案，共安装十二门炮。

如果我早知道是这样的话，我就会重新考虑我的意见。然而，"多联装炮塔"这个提法让我有所误解。我在装有四座炮塔的军舰上发现了许多缺陷，这种三座四联装炮塔设计会有助于规避这些缺陷。虽然相比于九门十六英寸口径火炮设计，十二门十四英寸口径火炮的威力还是有一定差距，但是在金属材料的重量上有了较大的改观。

然而，不幸的事情还是发生了，海军部的这种设计方案产生了一些不良后果。首先，设计这种全新的十四英寸口径火炮四联装炮塔花了许多时间，使工期大大延误。另外，工作开始后不久，海军部又决定将重叠在舰上方的四联装炮塔改为双联装。这样就意味着两三千件复杂的机械配件都得重新设计。这项变更让"英王乔治五世"号和"威尔士亲王"号的工期至少又延迟了一年之久。而且，这也让我们新造战舰的火炮总数降至十门。现在的火炮威力与我之前提出的十六英寸口径火炮方案相去更远了。与此同时，美国已经攻克了如何在三万五千吨的军舰上装配三座十六英寸口径火炮三联装炮塔的问题。法国和德国则选用了十五英寸口径火炮，法国人采用两座四联装炮塔设计，共装了八门火炮，而德国人采用四座双联装炮塔设计，火炮数量也达到了八门。和日本一样，德国并无意遵守任何条约限制，其"俾斯麦"号的吨位超过了四万五千吨，占尽了优势。然而当别国都努力扩大火炮口径的时候，只有我们却将火炮口径从十六英寸减至十四英寸。要知道我们经过多年之后才终于决定造五艘新战列舰，这些战列舰与海军的生死存亡以及国家的制海权息息相关。最后我们造的几艘战列舰每艘都花了五年才完工，而且比预期的火力弱了很多。

*　　*　　*

1938年6月15日，第一海务大臣带我到波特兰反潜学校参观"潜艇探测器"。这个仪器主要用于侦测在水下的潜艇，其原理是利用声波的特性，当仪器发出的声波遇到钢铁结构时便会反射回来，通过回声便可实现对潜艇的精确定位。这种技术在第一次世界大战结束时才刚

刚开始发展。

我们在旗舰上过夜，同当地舰队司令福布斯爵士进行了一次长谈。次日整个上午我们都在反潜学校度过，大约四个小时的讲解让我对这项技术的发展有了全面的了解。听完讲解后，我们便登上一艘驱逐舰出海观摩反潜演习，那天下午和晚上，他们为我呈现了一次颇有意思的反潜演习。演习开始时，几艘潜艇分布在附近的海域中。我们站在一艘装有"潜艇探测器"的驱逐舰的舰桥上，另一艘驱逐舰距我们半英里远，二者始终保持联络，因而我可以看到和听到演习的全过程。这个"潜艇探测器"可谓是海军部的法宝，是他们尽忠职守坚持不懈用一代人的努力才换来的宝贵成果。以前我常常批评他们的方针，但是对于这次他们取得的巨大成就，毫无疑问，我给予了非常高的评价，一时间激动得竟然连大海是多么辽阔都忘记了。假若这二十年来，我们每年没有投入大量的研究资金，培养数以千计技术娴熟的官兵参与到研究中来，假若他们的科研成果不佳，所有成果都不值得一提，那么在应对德国潜艇这个问题上，除了吃败仗，我们很可能会束手无策。

给查特菲尔德的信中，我这样写道：

> 我常常回想起你带我参观的那些东西，我相信我们整个国家都应该对海军部及海军将领表示感谢。我坚信，多亏了他们这么多年来尽忠职守和竭尽全力，才让我们摆脱了一个大危机。
>
> 让我备感惊奇的是，这种"潜艇探测器"的指示结果既清晰又准确。我原以为它的指示结果应该既微弱又模糊的，让人难以捉摸，我从没想过有一天我会听说潜艇那东西也会自投罗网。这真是一项惊天壮举。

"潜艇探测器"本身不能战胜潜艇，但是如果没有它，我们就不可能战胜潜艇。

TEN

对意大利的制裁

阿杜瓦战役的前仇旧恨——和平投票——霍尔爵士在日内瓦会议上的演说和英国海军的调动——墨索里尼进犯埃塞俄比亚——兰斯伯里先生辞去议会工党领袖职务——虚假制裁——鲍德温先生的和平协定——保守党大会——墨索里尼征服埃塞俄比亚对欧洲的影响

世界和平现在又受到了第二次严重打击。第一次打击是英国丧失了空中均势，第二次打击便是意大利紧接着转向投靠了德国阵营。这两件事加起来让希特勒得以继续实行他既定的罪恶方针。过去，我们看到墨索里尼为维护奥地利独立而尽心尽力，这对中欧和东南欧都有重大意义。然而现在他却投靠了相反的阵营，这样，纳粹德国便不再是孤家寡人。意大利这个一战的主要协约国很快就要和德国携手合作，和平的天平开始失去平衡，这的确令我不安。

墨索里尼妄图侵吞埃塞俄比亚，这是违反20世纪伦理道德的行为。这种行为本该只属于欧洲的黑暗时代，那时候的白种人认为他们有权征服黄种人、棕种人、黑种人和红种人，他们可以用强大的武力和武器让这些有色人种屈服。墨索里尼犯下的这种滔天罪行和野蛮行径，就连以前的野蛮人都不敢这么做，至少他们也没有能力这么做。对于我们今天的文明社会来说，这种野蛮的行为无疑应该受到谴责。更何况，埃塞俄比亚还是国际联盟的成员。说来奇怪，1923年强烈支持埃塞俄比亚加入国际联盟的正是意大利，而当时我们反而大力反对。英国之所以会反对是因为我们认为埃塞俄比亚政府的性质以及社会状况不符合国际联盟的要求。那里盛行君主专制和奴隶制，部落战争时有发生。但是，意大利不顾这些情况一意孤行，因此埃塞俄比亚得以加入国际联盟，从此享有国际联盟提供的一切权利和保障。全世界渴望和平的人们都寄希望于国际联盟，对这个世界性机构来说，矣塞俄比亚问题确实是一场考验。

这位意大利独裁者之所以想吞并埃塞俄比亚并非只是为了领土扩张。他想以此获取更多的威望来巩固统治，维护自己的地位。就在四十年前，意大利在阿杜瓦之战中铩羽而归，装备精良的意军被原始落后的埃塞俄比亚军队打得溃不成军，或被歼灭或被俘虏，成了全世界的笑柄。意大利人对这次耻辱一直耿耿于怀。当他们看到英国经过若干年后如何洗刷当年喀土穆和马祖巴战败的耻辱时，他们就誓要报阿杜瓦之仇，以此重振他们的民族士气。对意大利来说，报阿杜瓦之仇堪比法国收复阿尔萨斯—洛林，意义同样重大。在墨索里尼看来，洗刷几十年前的耻辱，将埃塞俄比亚并入新建立的意大利帝国版图，似乎是实现自己野心的最简单的办法。只有这样才能以最低的风险和代价巩固自己的统治，并能提升意大利在欧洲的威望。除此之外别无他法。这些想法无疑都是错误卑劣的，但了解别国的观点总不失为一件明智的事，因此我在此把这些想法记录下来以飨读者。

反抗纳粹德国的扩军备战已经迫在眉睫，我极不愿意在这个时候看到意大利和我们疏远，甚至投奔到敌人的阵营中去。毫无疑问在这个节骨眼上，如果国际联盟任由一个成员国进攻另一个成员国，对这种行为不加以谴责，那么国际联盟最终将会丧失其所具有的凝聚力；只有各成员国同心同德才能对抗复兴的德国势力，应对希特勒的可怕威胁。如果国际联盟的权威得到了维护，每个成员国从中得到的好处也许要比意大利所能给予的、保留的或转让的要多得多。因此，如果国际联盟准备联合全体成员国的力量一致抵制墨索里尼的政策，那么我们英国也应坦诚相待，有责任贡献出一份力量。但是从各方面的情况来看，英国似乎不能带这个头。因为面对德国的扩军备战，一方面，英国要在丧失空中均势之后想办法弥补自己的弱点；另一方面，还要小心平衡法国的军事地位，避免其一家独大。不过有一点可以明确肯定的是：如果英国打定主意要扛起这面大旗的话，就一定不能半途而废，因为一旦半途而废，不仅对国际联盟毫无好处，而且会让英国深受其害。如果我们认定为了维护欧洲和平保障法律尊严，有必要同墨索里尼治理下的意大利决裂，那么我们就必须要将其彻底打倒。一旦打倒了这个小独裁者，我们或许就可以把所有力量凝聚在一起——这些力量现在仍然具有压倒性优势———起去对抗那个大独裁者，阻止第二次世界大战的爆发。

这番感想便是本章叙述的序曲。

* * *

自斯特雷扎会议以来，墨索里尼侵吞埃塞俄比亚的企图日趋明显。对于意大利的这种侵略行为，英国舆论显然会反对声四起。我们很多人都认为德国的扩军备战不仅危害世界和平也威胁到人类生存，并且对意大利从我方倒向敌方倍感忧虑，要知道意大利可是一等强国。我记得有一次宴会，当时在座的有罗伯特·范西塔特爵士和达夫·库珀先生，那时库珀先生还只是一位次官。在这次宴会上，人们都已明显地预见到欧洲平衡的局势已经发生了转变，正在朝一个不好的方向发展。大家提出一个计划，派我们当中的几位去见墨索里尼陈说利害，告诉他如果轻举妄动，英国势必会有所行动。结果这个计划不了了之了，当然即便去了也不一定有什么用处。墨索里尼和希特勒一样，都以为英国已是惊弓之鸟、软弱老妇，充其量只会吓唬人而已，无论如何都不会发动战争。跟墨索里尼要好的劳埃德勋爵注意到，1933 年很多牛津大学的学生发表了"乔德决议"，坚决表示"绝不再为国王和国家而战"，当时深深地震惊了墨索里尼。

* * *

7 月 11 日，我在议会里表达了我的担忧：

我们现在给外界造成一种印象，好像我们是领头羊或者排头兵，正带领着欧洲舆论一路向前，声讨意大利侵吞埃塞俄比亚的野心，甚至有人建议我们应该单独采取行动。还好我听外交大臣说以上纯属无稽之谈，我才放下心来。我们当然必须尽我们的责任，但是这样做的前提是我们所尽的责任应在其他国家认可的范围内，并且必须同其他国家步调一致。我们还没有强大到可以去做全世界的立法者和发言人。我们会做好自己分内的事，但不能要求我们做超出职责范围的事情。

英国和意大利是老朋友了，但是毫无疑问现在两国关系蒙上了一层阴云。虽然很多人都在期待着这层阴云能尽快消散，但在我看来，这层阴云一时半会应该消散不了。其实我们和意大利的交情由来已久，别忘了 19 世纪，当意大利加入三国同盟的时候，它还在条约上特别规定任何时候它都会遵守同盟国义务，但永远不和英国发生武装冲突，这件事很少有人知道。

*　　*　　*

8 月间，外交大臣分别邀我和反对党领袖去外交部商议一些事情。这次磋商的细节事后政府都对外公布了。在这次磋商的过程中，外交大臣霍尔爵士对我说，他越来越担心意大利会出兵埃塞俄比亚，并问我该如何应对。我说在回答这个问题之前，我想先多了解一下两位领导的外交部内部对这个问题的看法以及两位的个人观点，不如把艾登先生也请过来吧。霍尔爵士说："我去叫他来。"于是几分钟后，艾登先生也笑容可掬地来了，态度十分和气。我们愉快地攀谈起来。我说，我认为外交大臣可以像联合法国那样，联合整个国际联盟反对意大利的侵略行为。不过我又补充道，在联合法国的时候不应该对其施加压力，因为法国本身和意大利订有军事条约，并且法国还要防备德国的扩军备战。所以在这种形势下，我并不指望法国会走得很远。然后我又谈到了驻扎在勃伦纳山口的意大利军队，还谈到了没有设防的法国南部防线以及其他一些军事形势。

总之，我强烈建议两位大臣不要让英国在这件事上起带头作用，也不要过于锋芒毕露。我之所以这样说，主要是考虑德国现在正虎视眈眈，而英国却已裁军。

* * *

在1935年前几个月里，为了拥护国际联盟所倡导的集体安全政策，支持国际联盟盟约，有人组织了一次群众性的和平投票。这次投票活动受到了国际联盟的赞许，但是发起者却是一个独立组织，这个组织基本上处在工党和自由党的控制下。投票的问题如下：

和平投票

1. 英国是否应该继续参加国际联盟？
2. 你是否赞成按照国际协定实行全面裁军？
3. 你是否赞成按照国际协定全面废除各国陆军和海军航空兵部队？
4. 是否应该按照国际协定禁止任何为谋私利而制造和贩卖军火的行为？
5. 如果有一个国家坚持要进攻另一个国家，那么你认为其他国家是否应该联合采取以下手段来阻止侵略行为？（1）经济及其他非军事手段；（2）必要时采取军事手段。

6月27日宣布投票结果，最终超过一千一百万人进行实名投票，给出了肯定的答复。起初，各部大臣对和平投票似乎有些误会，因为它的名称掩盖了它的目的，将裁减军备和抵抗意大利侵略混在一起，而这两个命题本应是相互矛盾的。许多人认为这个投票是和平运动的

一部分，然而恰恰相反，第五个问题就肯定了要以一种积极勇敢的策略来应对意大利侵略问题。如果在这个时候加以实行，一定可以获得全国大多数人的热烈拥护。对于第五个问题，塞西尔勋爵和国际联盟协会的其他领袖都表示，如果国际联盟也倡导必要时采取武力行动，他们愿意并决心为正义而战。不久之后的事实也印证了这一点。在随后的几个月里，他们对现实的看法发生了很大变化。的确，在这整整的一年里，我极力劝说他们向我的政策靠拢，我将我的政策称为"先礼后兵"，即先按照国际联盟盟约采取非军事手段，若没有效果，必要时再采取武力手段解决。

* * *

整个夏季，意大利的运兵船都源源不断地通过苏伊士运河。他们在埃塞俄比亚东部边境一带集结了重兵和大量军用物资。在我去外交部谈话之后，突然发生了一件很不寻常的事情，让我始料未及。8月24日，内阁做出决定，宣布英国将会遵守各项条约和国际联盟盟约，履行其应尽的责任，反对意大利的侵略行为。这立刻在地中海地区引起了轩然大波。鉴于外交大臣最近才征询过我的意见，我觉得应该向他问清楚我国海军的部署情况以打消我的疑虑。

丘吉尔致霍尔爵士：

我相信你一定会谨慎对待这个问题，不要让外交工作超前于海军部署，避免犯下重大错误。1914年我们也是如此小心谨慎。

我们的各支舰队都在什么地方？它们是否保持良好的状态？它们的作战能力是否足够强大？一旦开战，它们是否能快速响应？它们现在所处的位置是否安全？它们是否已经事先收到警告要加强戒备？别忘了，你们这样做无疑是对这位独裁者施加了极大的压力，这样会把他逼入绝境从而铤而走险。他很可能会以小人之心度君子之腹，以为英国内阁居心不良，在打什么坏主意，其严重程度远远超过了内阁现在的真实想法。当你们还在小心谨慎地探讨各种应对方案时，他可能会在接下来的两个星期里随时采取武力行动，因此最好不要去试探他的底线。

我在报纸上看到地中海舰队正在离开马耳他驶往勒旺岛。（为舰队着想）离开马耳他当然是个明智的决定，因为我知道马耳他那里完全没有防空设施。按照现在的统计（我们现在只能依据这个），以亚历山大港等处为基地的地中海舰队比意大利海军要弱得多。今天我花了一天时间查了一下一战以来两国巡洋舰和驱逐舰的建造情况。在现代化的巡洋舰和驱逐舰方面，我们的实力似乎还不及意大利的一半，现代化潜艇方面实力就更悬殊了。因此，我们现在必须向海军部问清楚停驻在勒旺岛的地中海舰队的情况。一旦战事发生，它很有可能遭受重创。它有足够的实力来自卫吗？如果派大西洋舰队和本土舰队前去支援，它们还需要行驶三千英里才能抵达。要知道战局瞬息万变，若是等它们与地中海舰队会合，恐怕到那时为时已晚。我自然毫不怀疑，的确也不敢怀疑，海军部已经用心研究了现在的部署，做好了万全准备。如果你向他们咨询以上问题，我希望他们的回答能让你满意。

早些时候，我听人谈到这样一个计划：一旦与意大利开战，就会将现在的舰队撤出地中海，只扼守住直布罗陀海峡和红海地区。这样看来，现在让地中海舰队驶往勒旺岛，好像就是这个计划的一部分。如果真是这样，我希望这个计划已经经过周密考虑。要知道，如果与意大利处于战争或者准战争状态，一旦我们放弃了地中海，那我们就没有什么力量可以阻止墨索里尼了，他们便可以畅行无阻地在埃及大举登陆，进而控制苏伊士运河，到那时只能依靠法国了。但是万一发生这种情况，海军部能否保证法国一定会挺身而出呢？

乔治·劳埃德和我想的一样，考虑到现在的危急形势，他认为我应该立刻把这封信送交给你。我并不要求你给予详细答复，我只希望海军部的部署确实能使你感到满意。

1935 年 8 月 25 日

外交大臣在 8 月 27 日的答复如下：

　　请放心，对于你在信中提到的所有问题，我们已经开始并且正在进行认真的讨论。对于你信中所提到的种种危险，我已经全都注意到了，我会尽我所能确保万无一失。你和其他人一样，都知道现在形势危急，你也和其他人，至少和非政府人士一样，都知道我国目前的防务令人担忧。如果你认为有必要向我提一些建议或警告，不要有任何犹豫，请立即告诉我。

＊　　　＊　　　＊

　　艾登先生是国际联盟事务大臣，几乎和外交大臣地位平等。他在日内瓦已经待了几个星期了，在此期间他召集了一次国联大会商讨一项政策，即如果意大利胆敢进犯埃塞俄比亚，就对其采取"制裁"措施。由于这个特殊职位赋予了他特殊的使命，所以艾登先生将大部分注意力都放在解决埃塞俄比亚问题上，对其他问题则较少关注。所谓"制裁"，指的是断绝一切对意大利的经济援助和供应，并将这些援助转而用以支持埃塞俄比亚。对于像意大利这样的国家来说，一旦开战，许多必要物资都依赖于国外进口，因此这种"制裁"措施的确可以对意大利形成有力的威慑。艾登先生热情洋溢的演说和他提出的几项原则，完全主导了这次大会。9 月 11 日，外交大臣霍尔爵士到达日内瓦，在大会上发表了如下演说：

首先，我要重申一下我所代表的政府对国际联盟的支持以及英国人民对集体安全的关切……国际联盟盟约中所包含的思想，特别是希望推进国际事务的法治化进程这一观念，已是我国民心所向。因此，英国在处理国际事务过程中一直都恪守国联的各项原则，从不搞特殊化。如果有人觉得事实并非如此，那无疑是对我们的不信任和恶意诋毁，辜负了我们的一片赤诚之心。国际联盟向来遵守其鲜明的义务准则，一贯支持集体维护盟约的完整，特别是对于集体反抗一切挑衅的侵略行为，更是坚决支持。在这一点上，我们英国始终和国际联盟站在一起。

　　尽管我对德国的事态感到十分焦虑，对我国处理事务的方法感到很不满意，但我却记得，当我在里维埃拉的阳光下读到这篇演说时深受感动。这篇演说激发了每一个人的斗志，并在全美引起了强烈反响。它也使英国那些大胆提倡正义与实力并重的各派力量都联合起来。这至少是一种策略。如果演说者当时知道自己手里掌握的力量一旦释放出来会是多么巨大，恐怕他当时就会领导整个世界了。

　　这个声明之所以能发挥如此大的效果，是因为它有英国海军做后盾；同理，过去许多事业之所以能对人类的进步和自由发挥重大作用，也是因为它们背后有一个坚实的后盾。国际联盟似乎是第一次，也是最后一次手中掌握了一种世俗的武器——国际警察的力量，这样便可以依靠其最高权威对各项事务施加外交上和经济上的压力，或者晓之以理进行规劝。9月12日，也就是发表这篇演说的第二天，"胡德"号和"声威"号两艘战列巡洋舰，以及第二巡洋舰队和一支驱逐舰队，一起开赴直布罗陀海峡。各方都认为英国这是要采取实际行动以印证自己的言论。这种政策和行动立即获得了国内的有力支持。因为人们有理由认为，对于在地中海究竟需要多少军舰才能顺利完成任务的问题，英国海军部一定经过了深思熟虑精心筹划，否则就不会发表这个声明，也不会调动舰队了。

9 月底，我在卡尔顿俱乐部发表演说。这个俱乐部是一个有影响力的正统派组织。在演说中，我想给墨索里尼一个警告，我相信他会读到这篇演说：

> 墨索里尼为什么要冒天下之大不韪，在没有制海权的情况下，将二十五万意大利精锐部队千里迢迢从意大利运到两千里之外的荒滩上呢？等待他们的将是一场场恶战，意大利人注定会失败的。况且，四千年以来从未有一位征服者瞧得上那里，那里根本不值得去征服。综上所述，这次侵略简直是前无古人后无来者，置国家前途命运于不顾的轻率之举，请尽快收手吧。

奥斯汀·张伯伦爵士写信给我，对我的演说表示赞同。我在给他的回信中写道：

> 我很高兴你能赞同我在埃塞俄比亚问题上的立场和看法。但是这个问题本身并不令我开心。因为打垮意大利是一个很可怕的举动，我们可能会为此付出巨大代价。前些年我们一直请求法国和意大利和解，而现在我们却迫使法国在我国和意大利之间做出选择。这事也太奇怪了！我认为我们不应该以这种激进的方式带头声讨意大利。如果我们当初真的强烈反对意大利侵略埃塞俄比亚，那么我们早在两个月前就应该对墨索里尼发出警告。明智的做法应该是在初夏就逐步增强地中海舰队的实力，让他知道问题的严重性。话说回来，现在他会怎么做呢？如果埃塞俄比亚战争爆发，我预计紧张气氛肯定会陡然升级。

1935 年 10 月 1 日

*　　*　　*

由于英国海军的迟缓调动，因此并没有对墨索里尼造成威胁。10月间，他悍然发兵，进犯埃塞俄比亚。10日那天，国际联盟大会对此进行了一次投票，最终以五十比一的绝对优势通过了一项决议，各成员国将集体对意大利采取制裁措施，并成立了一个十八人的委员会，力求通过进一步努力，和平解决这个问题。对此，墨索里尼发表了一份明确的声明，措辞十分尖锐。在这份声明中，他没有说"意大利将会以战争应对制裁"，而是说："意大利将以纪律、节俭、牺牲来应对你们的制裁。"同时墨索里尼还表示，他绝不容忍任何国家对他进行制裁，阻挠他攻占埃塞俄比亚的计划。如果有国家胆敢影响他的称霸大业，他将与之战斗到底。墨索里尼还说："五十个国家啊！五十个国家，居然只由一个国家领头！"以上便是那时候的形势。在几个星期后，英国解散了议会并根据宪法重新进行大选。

*　　*　　*

埃塞俄比亚的流血冲突、人们对法西斯主义的憎恨，再加上国际联盟对意大利的制裁，这一切都直接导致了英国工党内部的动乱。包括著名的欧内斯特·贝文先生在内的工会会员在内，禀性上都绝对不是和平主义者。这些工薪阶层十分坚定，强烈要求同这个意大利独裁者进行战斗，要求对其实施严厉的制裁措施，必要时应动用英国舰队。他们经常在集会上义愤填膺，言辞强硬而激烈。有一次，贝文先生抱怨道："马车装着乔治·兰斯伯里反战和平的良心，从一个会场拉到另一个会场去兜售，实在令我厌烦极了。"议会中的许多工党议员也都和工会会员一样，对工党领袖兰斯伯里的反战和平主义颇有微词。在更大的范围内，国际联盟所有领袖都一致认为他们必须维护国际联盟的宗旨。现阶段形势已经涉及他们"和平投票"的第五条，他们应当服从当初第五条的原则。这意味着即使是终身拥护人道主义的人也要做好随时赴死沙场的准备，当然进而也要做好去杀人的准备。面对这些主战情绪，10 月 8 日，兰斯伯里先生辞去了议会工党领袖的职务，由屡立战功的艾德礼少校接任。

＊　　　＊　　　＊

　　然而，虽然全国人民斗志昂扬，鲍德温先生却不这样想，他自己另有打算。大选几个月后，我才了解到制订"制裁"措施时所依据的几个原则。首相自己知道制裁就意味着各国要与意大利开战，但是他想在不引发战争的情况下对意大利进行制裁。显然，要想同时实现这几个条件是不可能的。但是最后居然做到了，在英国的授意和法国总理赖伐尔的压力下，可能引起战争的一切因素都被负责制定制裁方案的国际联盟委员会排除掉了。尽管委员会草拟了一份洋洋洒洒的禁运名单，依照该名单，许多商品包括很多军用物资都不准运往意大利境内，但是禁运名单中却没有包括石油，石油依然可以自由地运入意大利境内，要知道石油可是维持意大利在埃塞俄比亚作战的必需品。之所以不禁运石油，主要是因为大家都明白，一旦禁运石油，意大利就会调转矛头，与各国开战。作为世界主要石油输出国的美国虽然看似和善，但是毕竟不是国际联盟的成员国，在禁运石油这个问题上态度一直很暧昧。而且，美国深知对意大利禁运石油就意味着对德国也要禁运，这会大大影响美国在欧洲的石油市场。在国际联盟的制裁方案中，严格规定禁止向意大利输出铝矿，可是铝矿是意大利唯一一种供大于求的金属资源，因此这个规定毫无意义。为了维护公道正义，制裁方案还规定对意大利禁运废铁和铁矿石。但是意大利的冶金工业只需要少量的废铁和铁矿石，而且钢坯和生铁运输又没有受到限制，因此这条禁令对意大利并没有造成什么阻碍。总的来说，这些措施雷声大雨点小，并不能有效遏制意大利的侵略行为，根本称不上是真正的制裁，只能说是在意大利所能忍受的范围内一种敷衍应付的制裁。因为，尽管制裁措施名目繁杂，但是事实上却没有对意大利造成任何重大影响，反而激起了意大利人民的斗志。所以，国际联盟对埃塞俄比亚的援助是建立在不得妨碍意大利侵略军的前提之上。在英国大选时，英国人民并不知道这些事实。他们真诚地支持制裁政策，认为这是结束意大利侵略埃塞俄比亚的可靠办法。

事已至此，英王陛下政府仍然不考虑动用舰队。当时有种传闻，说什么意大利的轰炸机敢死队会向着我们的军舰甲板俯冲过来，要把我们的军舰炸成碎片。驻扎在亚历山大港的英国舰队现在已得到了加强，只需摆开架势便可迫使意大利的运输船从苏伊士运河撤回，但是那样一来，英国就不得不与意大利海军开战了。我们听说，英国舰队现在根本没有能力对付这个对手。我一开始就提出过这个问题，但有人叫我放心。当然，这的确可以理解，毕竟我们的战列舰的确十分陈旧，而且没有飞机掩护，也没有多少防空弹药。不过也有消息透露，海军司令对其舰队实力不足以对付意大利海军的说法大为恼火。这样看来，英王陛下政府在第一次决定要反对意大利侵略之前，就已经对接下来要采取的方法和手段进行了周密部署，而且也下定了决心。

从我们目前所掌握的情况来看，我们如果能果断采取措施，一定可以切断意大利与埃塞俄比亚之间的交通线，而且如果之后与意大利发生海战，我们也能稳操胜券，这点毋庸置疑。虽然我从不支持英国单独采取行动，但是现在英国走得很远，已经不能回头，一旦撤回，后果将不堪设想。况且墨索里尼是绝对不敢和坚定的英国政府硬碰硬的。毕竟现在几乎全世界都反对他，他要是单独与英国作战就无疑是拿他的政权作赌注，因为地中海的海战对他来说可能从一开始就是一场决定性的考验。那么，意大利怎么会打这场战争呢？海军方面，它除了在现代化轻型巡洋舰方面略有优势之外，它的海军在规模上仅为英国的四分之一。陆军方面，它那支新征入伍的军队虽然数量庞大，号称有百万人马，但是在这场战争中无法发挥作用。空军方面，虽然我们的空军规模已经很小了，但是它的空军无论在数量上还是在质量上居然比我们还要差很多。一旦开战，意大利立即会被封锁起来。埃塞俄比亚的意大利军队也将面临缺乏给养和弹药的困境。此时，德国无法给予有效的援助。倘若这世上真有这种一本万利的机会，为了一个崇高的事业，只需冒最小的风险便能给对方一次致命打击，那么就是这次了。然而，英国政府魄力不足，没能跟上当时的局势而果断出击，对于这一点他们只能用"珍爱和平"来为自己辩解了。实际上，英国政府的这种行为让这场战争愈演愈烈，墨索里尼虚张声势的恐吓也因此得逞。一旁静观事态发展的希特勒从中得出一个很重要的结论。他早就下定决心要通过战争为德国开疆拓土。从这件事他断定英国已经开始走下坡路了。就算英国要发奋变革，但为时已晚，凭英国现在的实力已经无法继续维护和平的局面，也无法遏制希特勒的扩张。此时，日本方面也有人在静观其变伺机而动。

＊　　　＊　　　＊

当前英国国内的形势是，一方面大家都团结起来应付这个亟待解决的问题，另一方面正在举行的大选又使各个政党之间发生了利益冲突，这两种对立的状态同时存在。不过，这种情况对保守党的鲍德温先生及其拥护者却极为有利。鲍德温在其竞选宣言中这样写道："国际联盟依旧是英国外交政策的基石，防止战争和建立世界和平永远符合英国人民的最根本利益。正是为了实现这一目标，人们才成立了国际联盟，我们也要依靠它实现上述目标。因此，我们要继续尽我们所能，恪守国际联盟盟约并保持和提高国际联盟的效能。对于目前意大利和埃塞俄比亚之间发生的不幸争端，我们将采取一贯奉行的政策，绝不会有任何动摇。"

然而另一方面，工党内部却出现了很大的分歧。他们当中大多数人是反战和平主义者，但是主战的贝文先生积极开展竞选活动，赢得了很多工党党员的支持。因此，工党领导层为了使双方都感到满意，同时实行两条互相对立的政策路线：一方面要求果断采取措施出兵干涉反抗意大利独裁者，另一方面又谴责英国当前重整军备的政策。于

是，10 月 22 日，工党领袖艾德礼先生在下议院发言时出现了前后矛盾的言辞，他先说："我们需要有效的制裁措施，并且在执行时要落到实处。我们支持经济制裁，我们拥护国际联盟体制。"然后他又说："我们并不认为重整军备就可以维护和平局面。我们认为在这个和平年代完全没有必要搞国防这类东西。我们认为英国必须继续裁减军备，而不是重整军备。"由此可见，在选举期间，双方通常都没有什么值得自豪的地方。首相本人当然意识到英国国力日益强大，可以有力地支持英国的外交政策，采取强硬的手段。但是，他却决定无论如何也不卷入这场战争。从旁观者的角度看，我觉得他似乎急于想以此获得尽可能多的支持，然后利用这些支持小规模的重整军备。

*　　*　　*

在墨索里尼开始进攻埃塞俄比亚轰炸阿杜瓦的当天，英国保守党正在伯恩默思召开党员大会。鉴于当前形势，再加上时值大选前夕，作为同一个政党的党员，我们所有人都团结起来了。

我们一致通过了一项决议，对此我也极力拥护，内容如下：

1. 弥补帝国国防力量中存在的严重缺陷。当务之急首先是要优化我们的工业体系，确保在必要时能够迅速转变为国防工业。

2. 继续努力提升英国空军实力，争取能够比得上那些航程远至我国海岸的外国空军。

3. 重建英国舰队，加强皇家海军，确保人民的食品和生活必需品供应的安全，让大不列颠帝国能够江山永固。

这几年来我一直不想再踏入政坛，因为我之前已经有了太多的体会，况且我非常反对政府提出的印度政策。不过《印度法案》现已通过，并将于几年后实施，那么我不愿从政的主要障碍就已经排除了。

德国的威胁日益严峻，使我现在有意重掌英国的军事部门。我现在可以很敏锐地感觉到即将发生什么事情。现在法国心烦意乱担心战争，而英国胆小怕事贪恋和平，不久之后他们将会面临欧洲独裁者们的挑战。我非常支持工党在这个关头能够改变态度。这是建立一个政见统一的国家政府的大好机会。大家都知道海军部有空缺，如果保守党重新执政，我很想担任海军大臣一职。当然，我很清楚鲍德温先生的几个主要同僚都不希望我进入内阁。因为一旦我支持某种政策，众所周知，无论是否在内阁中，我都会一如既往坚持到底。因此，如果我被拒之门外，他们一定会很高兴的。不过这事一定程度上还要取决于他们能否在议会选举中取得多数席位。

* * *

在大选中，鲍德温先生强调了重整军备的必要性，为了凸显这一必要性，他着力描述了我国海军令人担忧的现状。然而，在获得这些支持对意制裁和重整军备的人的满意后，他继而又转向去拉拢国内的反战和平人士，以打消他们心中因他关于海军需求的言论而产生的疑虑。10月1日，在大选的前两个星期，他在伦敦市政厅向和平协会发表的演说中讲道："我向你们保证，将来绝不会有庞大的军备。"要知道英国政府当时已经知道德国正大肆扩军备战，在这种情况下他竟然还能做出这种承诺，真是世界之大无奇不有。当前英国国内分戎两派，一派希望国家重整军备应对未来的种种危险，另一派则认为只要不断宣扬和平的好处就可以维持和平局面。于是，鲍德温先生便通过这种左右逢源的竞选主张，成功获得了两派的选票。

* * *

我参加了埃平选区的选举，在选举中我主张有必要重整军备，同时应该对意大利实行严厉且有效的制裁措施。总的来说，我是拥护政府的。尽管我经常批评政府的某些做法，令许多保守党内的朋友不满，但是我在这次选举中仍以高票获胜，成功地当选了保守党议员。在宣布选举结果时，我认为应该继续坚持我一贯的作风和立场。于是我说："相信你们已经看到了我之前的演说，你们之所以选我，我知道你们是希望我以议员的身份继续发挥我独立思考和判断的能力，希望我能秉承英国议会的重要传统，结合我自己的知识和经验，不受拘束，大胆建言。"然而，最终鲍德温先生在大选中获得了胜利，当选为新任首相。他的票数比其他政党合起来的票数还要多出二百四十七票。在联合内阁担任枢密院议长五年之后，他终于获得了大战结束以来任何首相都无法比拟的个人权力。他之所以又一次取得大选胜利，一方面是因为他能得心应手地采用各种策略来处理国内政治，另一方面是因为他的个人声望，使他受到了人们的尊敬。他的这次胜利给那些在印度自治问题上和在疏于国防建设问题上反对过他的人一个有力的回击。就这样，这届政府虽然是有史以来最差的，错误和缺点百出，但是却受到了全国人民的拥戴。不过，这一笔账总是要还的，新的下议院用了将近十年工夫才把它偿还清。

*　　*　　*

当时人们盛传我将进入内阁，担任海军大臣一职。但在大选结果公布后，鲍德温先生却迫不及待地通过竞选办公室向外界宣布，他无意邀我组阁。因为在大选前几天他对反战和平主义者做出了一些承诺，所以他当选后便用这种方式来兑现。当时的报纸就我未被邀请组阁的事将我大大地奚落了一番。不过现在大家可以看到，我当时有多么幸运了。

我没有就此沉沦，我自己会找乐趣聊以自慰。所以没等议会开会，我就带着我的画匣到温暖的地方散心去了。

鲍德温先生在赢得大选后发生了一件令他尴尬的事情。为了把这件事的来龙去脉说清楚，我们不妨抛开我书中的时间顺序来进行讲述。

他的外交大臣塞缪尔·霍尔爵士趁着一次难得的度假机会到瑞士滑冰，途经巴黎时他与时任法国外交部部长的赖伐尔先生进行了一次会谈。会谈结束后，他们于 12 月 9 日签订了《霍尔—赖伐尔协定》。现在我们回过头再来看一下这起著名事件的背景，我相信这是值得的。

当时全国人民都认为英国正领导着国际联盟反对意大利对埃塞俄比亚的侵略，因而都情绪高涨。大选结束后，虽然保守党获得了议会的多数席位，可以执政五年，但是各位大臣们注意到还有许多麻烦事亟待考虑。这些麻烦事全都源于鲍德温先生当初的竞选承诺："一定不会有战争""一定不会有大量的军备"。这位出色的政党领袖，以领导世界反抗侵略的名义，获得大选胜利，现在又前后矛盾转而极力主张必须不惜一切代价维护和平。

这时在外交部中出现了一股巨大的冲击力量。时任外交部常务次官的罗伯特·范西塔特爵士，一直目不转睛地盯着希特勒这个危险人物。在这一点上，他和我的立场是一致的。现在英国的政策已经迫使墨索里尼倒向了德国。德国已不再是孤军奋战。欧洲四个强国，从前是三对一，现在变成二对二了。我们反对意大利的侵略政策，让当前欧洲形势日趋恶化，对此法国倍感焦虑。法国政府早在 1 月份就与意大利缔结《罗马协定》，紧接着又与意大利签订了军事条约。据估计，这个条约可以让法国安心地从法意边界的驻军中抽出十八个师调到法德边界，增强那里的防御。我想赖伐尔在与意大利的谈判中，肯定向墨索里尼明确表示过，法国决不会自找麻烦插手埃塞俄比亚可能发生的任何事情。法国人在与意大利缔结条约这个问题上，有充分的理由反驳英国大臣们的质疑。第一，几年来我们一直要求他们裁减赖以生存的陆军。第二，英国在领导国际联盟反对意大利侵略上获得了很大成功，并因此赢得了选举的胜利。要知道在民主国家中，选举是件很重要的事情。第三，我们曾经私下与德国订立过《英德海军协定》，这个协定对我们十分有利，让我们可以在海洋安全方面高枕无忧，当然这不包括潜艇战的威胁。

但是英国有没有想过法国的防线又会怎样呢？应该如何调兵遣将

抵抗日益增长的德国军力呢？在开战的最初六个月里，保守估计英国只能派出两个师进行增援，所以英国的确不应该对法国私下与意大利订立军事条约这件事说三道四。现在，英国响应全世界人民武力反抗侵略的呼声，大义凛然地以一国之力领导着五十个国家，誓与意大利斗争到底。法国自然需要担心许多事情。只有笨蛋才会对此全都视而不见，不过的确每个国家都有很多这样的笨蛋。如果英国能动用海军封锁苏伊士运河，并在大战中击败意大利海军，英国早就能掌握话语权，对欧洲发号施令了。但是事实却恰恰相反，英国竟明确宣称无论发生什么事情，都决不会出兵援助埃塞俄比亚。鲍德温先生是多么忠厚老实啊。现在倒是成功赢得大选了，保守党在议会中获得多数席位可以执政五年了。大选前各种正义姿态做尽，大选后就违背初衷不要战争！不要战争！因此，法国人强烈地感觉到英国靠不住，他们不能因为英国突然间爆发强烈的反墨索里尼情绪，就跟风永远同意大利断绝关系。何况，他们还记得英国自己在地中海面对意大利海军的挑战时也是一再退让，根本没有奋力抵抗。而且一旦法国遭受德国的侵犯，他们知道战争初期英国只能派出两个师，远水救不了近火。所以赖伐尔先生在这个时候想讨好意大利也就不难理解了。

到了 12 月份，关于埃塞俄比亚问题又出现了一种新的论调。据传闻，墨索里尼因为制裁措施备感压力，再加上以一国为首的五十国反侵略集团的强大威慑力，使他有意在埃塞俄比亚问题上做出妥协。而且他也知道虽然用毒气对付原始落后的埃塞俄比亚固然有效，但这对提升意大利在全世界人民心目中的形象毫无帮助。虽然埃塞俄比亚濒临陷落，但据说他们并不准备做出重大让步，割让大片土地。设想一下如果将埃塞俄比亚五分之一的领土割让给意大利，满足他们的侵略要求，让埃塞俄比亚继续保有剩下的五分之四的领土，是不是就可以换来和平让意大利罢兵呢？当英国外交大臣霍尔爵士途径巴黎时，范西塔特刚巧也在，所以就一起参与了《霍尔—赖伐尔协定》的制定工作。但是大家可不要误会，范西塔特一直对德国的威胁保持警惕。他只是希望通过此协定增强英法两国的同盟关系，同时拉拢他们背后的

意大利，让他们成为朋友而非敌人，以共同应对主要危险。

不像世界上的其他国家，英国人民很少为某个目标或者某个主题而战，因为他们心里一直坚信从冲突中肯定得不到什么利益。但是英国人民有时也会产生一种狂热的情绪。鲍德温先生和他的内阁大臣们通过在日内瓦反对墨索里尼的侵略，已经把英国捧上了一个很高的地位。他们自己选择的这条路已经走得很远，现在是骑虎难下。他们必须把它走完，否则就会背上历史骂名。他们必须准备用行动来支持他们的言论和姿态，否则还不如像美国那样，顺其自然，任其发展。美国的这种方案虽有待商榷，但也值得一试。不过他们并没有这样做。他们选择继续号召数百万民众反对意大利侵略。回应他们的是压倒一切的呼声，这些手无寸铁、一向对政治漠不关心的数百万民众大声回答道："是的，我们必须勇往直前，铲除奸邪。我们现在就要进军，给我们武器吧。"

新一届下议院此时干劲十足。为了应对此后十年可能会面临的问题，他们必须保持这样的状态。正当他们为自己成功当选下议院议员而激动不已时，传来了塞缪尔·霍尔先生和赖伐尔先生在埃塞俄比亚问题上做出妥协的消息，这令他们大为震惊。这场危机几乎断送了鲍德温先生的政治生涯，它从根本上动摇了议会和整个国家。鲍德温先生几乎一夜之间就从云端跌落，不再是受人拥戴的国家领袖，成为被人讥笑和鄙视的过街小丑。在往后的日子里，他在议会的处境十分可怜。他从来就弄不明白，为什么人民要为这些讨厌的外交事务操心，他们已经拥有一个占议会多数席位的保守党，而且又没有战争，他们究竟还想要什么。虽然他不明白，但是这位舵手凭借着丰富的经验已经感觉到了这场政治风暴的力量，它是如此强劲。

12月9日，内阁批准了《霍尔—赖伐尔协定》，该协定拟允许意大利和埃塞俄比亚皇帝共同分配埃塞俄比亚的领土。13日，《霍尔—赖伐尔协定》拟稿的全文内容提交给了国际联盟。18日，由于舆论和人民的反对，协定流产，内阁宣称与《霍尔—赖伐尔协定》毫无关联，负责拟定协定的霍尔爵士被迫辞职。在19日的申辩中，鲍德温先

生说：

> 我也认为这个协定走得太远，如果人们会对此表示强烈反对，我一点也不惊讶。我向来将反对侵略视为良心和荣誉的基础，不过我没料到这么多人是如此执着地反对侵略。一看到这种情形，我马上明白了这个协定激起了全国人民心中的强烈不满，直击他们灵魂深处，在他们心中回响。因此，我重新审视了我之前的所作所为，我觉得……我国人民决不会支持这样一个协定，在这个问题上根本没有商量的余地。很明显，这个协定现在已经彻底流产了。当然政府也不会再试图去使它复活。如果我之前认为正确的事情会引起一场政治风暴，那就让它冲我来吧，这是我的宿命，这场风暴之后等待我的只有两种结局：要么幸免于难，要么被冲击得体无完肤。如果经过风暴的考验，我发现我之前的所作所为是不明智的，我会承认我的错误并加以改正。

下议院接受了他的辩解。于是这场危机就此解除。艾登先生一从日内瓦回来，首相就召他到唐宁街 10 号，商议霍尔爵士辞职后下一步该怎么办。艾登先生当即建议邀请奥斯汀·张伯伦爵士担任外交大臣，还表示如有必要愿意接受他的领导为他效劳。对此，鲍德温先生回复道，他已经考虑过这一点了，但是他觉得奥斯汀爵士不是外交大臣的合适人选，已经通知过他了。我想这也许是因为考虑到奥斯汀爵士的身体状况。12 月 22 日，艾登先生接任外交大臣。

*　　*　　*

我和妻子在巴塞罗那度过了这跌宕起伏的一周。因为当时我几个最好的朋友都劝我不要回国。他们说，如果我卷入这场冲突，那就是自讨苦吃。我们所住的那家巴塞罗那旅馆很舒适，是西班牙左翼人士聚会的地方。里面有个很考究的餐厅，我们在那里吃午餐和晚餐。经常有一群群身穿黑色衣服的青年在那里聚会，他们神情热切，目光炯炯，谈论着西班牙的政治。西班牙不久之后就会发生一场内战，数百万西班牙人将在这场内战中丧生。回想起来，我倒觉得早该回国。我或许能联合国内的反对派，鼓动他们团结一致把鲍德温赶下台。这样也许此时掌权的就是奥斯汀·张伯伦爵士了。但是，我的朋友却嚷道："喂，最好躲远点千万别回去。你一旦回去，反对派只会认为你要以个人名义和政府作对。"这个建议当然不怎么讨人喜欢，所以我自然不怎么喜欢听。不过，对于说我帮不上什么忙，我倒是承认的。于是我继续留在巴塞罗那，在阳光下随性地画着油画。后来，林德曼教授也来找我，远离政治一起享受这闲适安逸的日子。我们同乘一艘漂亮的汽船，沿着西班牙的东海岸兜风游玩，然后在丹吉尔登岸。在那里，我遇到了罗瑟米尔勋爵和一群友善的人。他告诉我，劳合·乔治先生在马拉喀什，那边气候宜人。于是我们就坐汽车到那里去了。摩洛哥是如此舒适惬意，我在那里尽情绘画，流连忘返，直到1936年1月20日英王乔治五世突然逝世时才回国。

埃塞俄比亚最终抗战失败，意大利吞并了整个埃塞俄比亚。这在德国舆论中产生了十分恶劣的后果。意大利在本次战争中推进迅速，甚至那些本来不赞成墨索里尼政策和行动的人，也转而对意大利这种残忍的作战方式称赞不已。在德国，人们普遍认为英国已经彻底衰落。由于埃塞俄比亚问题，英国不仅与意大利结下了不共戴天的仇恨，还彻底摧毁了斯特雷扎阵线，它在世界上已名誉扫地。相对于英国，德国的实力和名望在蒸蒸日上。我国在德国巴伐利亚的一位代表这样写道："这里的人们在各种场合谈到英国时，都带着一种轻蔑的语调，这给我留下了深刻的印象……我很担心，今后无论是关于西欧问题还是关于整个欧洲或者欧洲以外更为普遍的问题，德国在同我们谈判时都将会采取强硬的态度。"

《慕尼黑新闻》（1936年5月16日）刊登了一篇文章，其中有几段发人深省：

按照德国人的标准，英国人更喜欢闲适安逸的生活。这并不是说英国人不够持之以恒刻苦努力，而是说当前的事情只要不损害到他们的个人利益和国家安全，他们就不会全力以赴，只会继续享受生活。相比于我们，他们凭借着先进的生产技术和大量财富，其资本积累在一个世纪间不费力气也会自动或多或少有所提升……在上次世界大战中，英国虽然开始时有点犹豫，但是后来终于还是表现出了惊人的实力。大战结束之后，全世界的英国老爷们都认为他们应该休息一下了。于是他们就解除了全部武装——平民思想中的武装解除得甚至比陆军、海军还要彻底。他们甘愿放弃英国海军的"两强标准"，同意与美国海军保持均势……但是陆军方面呢？还有空军方面呢？为了建立充足的地面和空中防卫力量，英国现在需要的不仅是金钱，最重要的是需要大量人力，需要许多英国公民投身帝国国防事业。英国的新空军计划，共需要一万一千人，但是实际上缺七千人。陆军方面也不容乐观，小规模的正规军有很大的缺口，差不多还需补充一个师的兵力。而地方自卫队（由业余志愿服役人员组成的预备役，他们一般在星期天接受训练）远远没有达到官方规定的规模，无论如何都不能算作有效的战斗力量。对此鲍德温先生前不久曾说过，他无意把募兵制改为征兵制。

这场风暴正席卷欧洲和整个世界。在这种情况下，单凭犹豫不决的态度是不可能取得成功的，也根本无望顶住这场风暴，阻止意大利的侵略。在英国，大多数人都是从政党的角度考虑问题，只有极少数人是站在国家的立场考虑问题；他们对英国政府在反对意大利侵略问题上犹豫不决的暧昧态度感到不满；看到帝国现在正不知不觉走向险地，他们强烈要求英国政府要担负起责任扭转局势。然而英国政府却说局势会逐步改善，只要通过审慎考虑进行微调就可以恢复均势，英国民众对此似乎还表示赞同……

今天埃塞俄比亚已全境落入了意大利之手，这已是无法改变的事实。在这种情况下，无论日内瓦还是伦敦都深信，只有采取特别的手段才能把意大利赶出埃塞俄比亚。但是我们现在谁也没有实力和胆量采取这种手段。

这几段话说得太正确了。英王陛下政府曾轻率地提出要捍卫这个伟大的世界。他们曾放出豪言壮语要领导五十个国家反抗意大利的侵略。然而，当鲍德温先生遇到这些残酷的事实时却畏缩不前了。长期以来，他们在制订政策时，与其说是考虑欧洲的实际形势，还不如说是为了满足国内的强势舆论，因此终酿苦果。他们不仅与意大利相互疏远结下仇怨，搅乱了整个欧洲的均势，而且对埃塞俄比亚也没有起到任何帮助作用。此外，他们还使国际联盟遭遇挫折，就算没有对这个组织的生命力造成致命打击，至少也使它元气大伤。

附录（1）

与格兰迪伯爵的谈话

致范西塔特爵士：

尽管他就意大利的事件做了许多辩解，但他当然是知道整个局势的。

我告诉他，从议会休会以来，公众舆论方面有了急剧的发展。英国，甚至整个不列颠帝国，可以在国际联盟的基础上一致行动，而且各政党都认为这个机构是在将来面临任何地区有可能发生的危险时最强有力的保障。他指出了失去意大利会对国联可能造成的伤害。意大利政权的衰落，将不可避免地导致意大利亲德。他似乎宁愿采取经济制裁。他们准备好接受农村公社式的生活。不管他们多么贫穷，他们都能忍受。他提及英国公众舆论的变化如何难于捉摸。我说我们不能因此责怪任何一国的驻外使节，但是必须认识到舆论发生了改变。不仅如此，如果埃塞俄比亚发生战事，开起炮来，难免会造成血流成河、村庄被炸等惨剧，就会使得人们的情绪无限高涨。他似乎认为，在经济制裁实施之初可能不会有什么效果，但之后会逐渐增强，到某一时机就会爆发战争。

我说过英国舰队十分强大，虽然在不久的将来舰队需要重建，但眼下还是良好而有效率的，而且目前已做好充分准备进行自卫。但是我又一再表明，鉴于我们在地中海地区的利益，这完全是防御性措施，

而且我们的立场不会与国联的其他成员国有任何不同。他带着一丝苦笑对这一点表示接受。

　　然后，我说到找出一个解决方法十分重要。"能管理自己情绪的人比攻占一座城池的人更加伟大。"他回答说，除意大利以外的任何一个国家都会这样想。他们得对付二十万手中拿着步枪的人。墨索里尼的独裁深得人心，而成功是独裁制度力量的根本。最后，我说我赞成举行三国政府首脑会议——三个国家聚在一起，一定能处理一些一个国家独力所不能办到的事情。意大利要求在埃塞俄比亚方面占有优越的地位，要求埃塞俄比亚必须进行内部改革，这些要求都得到了英法两国的认可。我告诉他，如果提议合理，我一定支持。英国人民愿意竭尽全力争取光荣的和平。我认为三国应当召开会议。他们所达成的所有协议都要经过国际联盟批准。我认为想要避免意大利这个强大而友好的欧洲国家走向毁灭，这似乎是唯一的机会。即便是失败了，也无伤大雅，而现在我们却正在走向彻底的毁灭。

1935 年 9 月 28 日

附录（2）

我关于海军航空兵的备忘录
——1936 年致国防协调大臣英斯基普爵士

1. 关于舰队的飞机，不管是用于侦察、射击或是空袭敌方舰队的，海军元帅认为都必须由他全权指挥，或者由他托付的人予以负责。不能违抗这条指令。因为这些飞机是他的"眼睛"。因此，为了达到这个目的，采取的各项措施都必须按照海军部的主张行事。

2. 在这种情况下作战，有人认为与陆军同空军的配合也是一样。但我们不认同这种看法。和陆军配合的飞机，是从机场起飞作战，这和一般的空军作战是一样的，但和海军配合的飞机，是从战舰起飞作战，那情况就截然不同了。前者确实只关乎配合作战的问题，但后者却是现代海军作战的一部分。

3. 因此，必须对海军部统率的空军和空军部统率的空军做出区别。这个区别，不是飞机起落架的类型有何不同，也不一定在于起飞的基地有何不同，而在于二者所执行的任务有所不同，在于是否主要负责执行海军任务。

4. 大部分防御任务都要求明文规定。例如，所有只能配备在军舰或航空母舰上的飞机（包括有着陆轮的飞机、有浮舟的水上飞机或飞艇，还有侦察机、战斗机、轰炸机或发射鱼雷的水上飞机），这些飞机执行的任何任务，自然都属于海军的范围之内。

5. 因此，这个问题就被缩小了，只需考虑要选派哪些飞机从海岸基地起飞出海作战。但要想决定这个问题，只能根据海军执行的任务和承担的责任。配备在军舰上的飞机，可以保护商船，在广阔的海面上更能派上用场。因为在宽广无垠的海面上，只要配备了侦察机或拥有两艘小型航空母舰，一队巡洋舰就可在方圆一千里的范围内进行巡逻搜索。但这并不是要求海军也要拥有强大的空中力量的理由，事实上海军也没有提过这方面的要求，他们现有的空军实力足以对付敌人的空军在英吉利海峡对商船的集中攻击。事实上，我们必须遵守空军对空军，海军对海军的原则。应该由英国皇家空军来对付敌方的空军主力或者特种机队。

6. 在此，我们可以选择或改装一艘或几艘军舰来配合纯粹的空军作战，这一点我们不要忘记了，例如袭击某个远在敌后的基地或重要据点。这就是空军作战的方式，那些通常不和舰队配合作战的飞机都必须使用起来。在这种情况下，海军部和空军部就得调换位置。海军部要按照空军部战术和战略的需要来调动舰队。在这种特殊情况下，这么做绝不是打乱计划，恰恰是"按照任务分配指挥权"这样的逻辑的一个例证。

7. 在规定的范围内，属于海军范围内的一切都要全部交给海军来负责。海军部对海军航空兵部队应有全权指挥权，还要为它配备全部的工作人员。由海军部从皇家海军中挑选出这支部队所需要的军官、见习士官、基层军官和技术兵等。挑选出来的人要进行相关训练，将在皇家空军的训练学校学习飞行技术和管理飞机（这些学校或许还需要海军军官），但在熟练掌握了作为飞行员和航空机械人员所必需的技能后，这些人员就必须转到海军部下属的陆地机构，接受为执行海军航空兵部队的任务所必需的训练，正如皇家空军的飞行员一样，他们也要转到空军学校学习空中作战。所以，在海军航空兵部队的全部人员，就是海军的一部分。由海军部完全负责他们的训练、晋升以及他们的事业和津贴等。这个办法适用于所有的官兵和各种勤务人员，包括在船上的人员和在岸上的人员。

8. 在海军航空兵部队成为海军兵种的这个过程中，我们应该重新对各项任务进行调整。空军部应该积极肩负起空防的责任。也就是说，对海军而言，他们的作战指挥部要统一指挥所有海港的海岸高射炮、探照灯、飞机、防空气球和其他设备，要塞司令负责司令官及其部下。

9. 同理，空军部也要统一指挥伦敦的空防，负责其他有必要安装大规模空防设备的易受攻击地区。这个指挥机构，不但要负责作战指挥，而且只要能做到，还应负责空防全部人员的训练、培养和管理等工作。

10. 正如海军部应该有自己的"眼睛"一样，空军部理应对积极空防有确定的指挥权。为此，空军部应该成立一个新部门，可以叫作"空防"，用来指挥所有的高射炮、探照灯、防空气球，那些与这个任务有关的工作人员和随时可能从皇家空军派出参战的人员，也应该由这个部门负责。这个新部门下面应该设若干空军军官来主持工作，派合适的人员来协助做事，来指挥特定地点或地区内的一切空防事宜。

11. 但这并不意味着，在目前的情况下，空军部或者空军参谋部能独自担负起这个新的重任。依靠原有的两个军种是建立这个空防指挥系统的必要条件。陆军部和海军部中受过优良训练的参谋人员，必须与现任的空军参谋部的军官通力合作。请你注意新兵的招募问题，不要让各个单位的内部行政问题成为障碍，这些问题都是发生在移交给防空司令部供作战和训练之用的时候。在将来能找到更好的解决办法之前，现有人员的来源仍应照旧。

12. 直到现在，这份备忘录还没有谈到武器装备的问题，但这个问题其实解决起来非常简单。根据指定的任务，海军部自己能决定需要的飞机类型。由国防协调大臣主持下的优先权委员先行审核海军部需要占用的国家财政和资源，然后再提交内阁决定。在目前的情况下，当然是由这些大臣负责指挥现有的人员。但如果发生战争或战备紧缺，他们就要按军需部的指示办事。毫无疑问，海军在普通的航空生产方面没有优先权。不能让海军部挤掉别的需要。一切都必须按需求的迫切程度来加以考虑。

13. 我们认为，海军部不需要另行成立飞机设计的技术机构，空军部或军需部的下属已有类似的机构。海军部不妨成立一个技术参谋核心。这个机构的主要工作是根据科学发展的可能方向，向两个部门提出建议，并以合适的技术术语向军需部提出海军的特殊需要。

14. 总结起来，我们的主张是：

第一，海军部对海军航空兵部队应享有全权指挥权，所有属于海军范围的任务都由海军部负责。

第二，必须从海、陆、空三军抽调一定的人员成立一个新部门，隶属于空军部，负责指挥防空事务。

第三，由国防协调大臣主持下的优先权委员会来决定武器和设备的供应问题。目前可由现有的组织负责办理，但最好是成立一个军需部来处理。